TESTS AN[...]
IN
SPANISH GRAMMAR
(REVISED EDITION)

BOOK 2

by

JUVENAL L. ANGEL
and
ROBERT J. DIXSON

PRENTICE HALL, Upper Saddle River, New Jersey 07458

Published by Prentice-Hall, Inc.
A Pearson Education Company
Upper Saddle River, NJ 07458

Printed in the United States of America

10 9 8

ISBN   0-13-911785-7

Prentice-Hall International (UK) Limited,London
Prentice-Hall of Australia Pty. Limited, Sydney
Prentice-Hall Canada Inc., Toronto
Prentice-Hall Hispanoamericana, S.A., Mexico
Prentice-Hall of India Private Limited, New Delhi
Prentice-Hall of Japan, Inc., Tokyo
Pearson Education Asia Pte. Ltd., Singapore
Editora Prentice-Hall do Brasil, Ltda., Rio de Janeiro

FOREWORD

This is Book 2 of the revised edition of TESTS AND DRILLS IN SPANISH GRAMMAR, now in two parts, Books 1 and 2. The two conversation books in this series, METODO DIRECTO DE CONVERSACION EN ESPAÑOL, Libro 1 and Libro 2, parallel TESTS AND DRILLS IN SPANISH GRAMMAR lesson for lesson.

The plan of this worktext in Spanish grammar is simple. It presents simple explanations of the basic grammar principles, followed by numerous exercises designed to establish the various patterns and structures firmly in the mind of the student. The exercises in these texts, the grammar and conversation books as well, are carefully graded and provide constant review. All exercises should be repeated several times with as much variation in technique as possible: oral drills with books closed, student to student quizzes, chain drills, dictation, etc.

TESTS AND DRILLS IN SPANISH GRAMMAR and the conversation books can naturally be used separately if necessary. Advanced classes needing a rapid but thorough review of basic grammar principles will find these books invaluable. The conversation books can also be used alone in conversation classes whenever indicated. However, we feel that when the four texts are used together they provide the most effective method yet developed anywhere for the teaching of Spanish conversation.

THE AUTHORS.

CONTENTS

LECCION 26

56. COMPARISON OF ADJECTIVES: The comparative and superlative form of adjectives is formed by placing *más* before the adjetive.

Positive	Comparative	Superlative
alto	más alto	(el) más alto
pobre	más pobre	(el) más pobre
útil	más útil	(el) más útil

(Comparative form)

Juan es *más alto* que su hermano.	John is taller *than his brother.*
Nueva York es *más grande* que Chicago.	New York is bigger *than Chicago.*

(Superlative form)

Juan es *el* alumno *más alto* de la clase.	John is the tallest *student in the class.*
Nueva York es *la* ciudad *más grande* del mundo.	New York is the biggest *city in the world.*

a) The following adjectives have special comparative and superlative forms:

Positive	Comparative	Superlative
bueno	mejor	(el) mejor
malo	peor	(el) peor
grande	más grande (*larger*)	(el) más grande (*the largest*)
	mayor (*older in age*)	(el) mayor (*the oldest*)
pequeño	más pequeño (*smaller*)	(el) más pequeño (*the smallest*)
	menor (*younger in age*)	(el) menor (*the youngest*)

b) Note that the comparative form is followed by *que* (than). Note, however, that before a numeral *de* is used:

Tengo más libros *que* Juan.	I have more books than John.
Tengo más *de veinte* libros.	I have more than twenty books.

1

c) Note also that, where *in* is used in English after the superlative form *de* is used in Spanish.

El es el alumno más alto *de* la clase. *He is the tallest student in the class.*

57. COMPARISION OF ADVERBS: Adverbs are compared in the same way as adjectives(*lentamente, más lentamente*, etc.). A few adverbs have special comparative forms (bien, *mejor;* mal, *peor*).

Juan aprende *más rápidamente*   John learns faster than *Mary.*
que María.
El habla *mejor que* su hermano.   *He speaks* better than *his brother.*

EJERCICIOS

A. *Complete las oraciones usando los adjetivos en forma comparativa:*

1. Esta fiesta es _____ (importante) _____ ésa.
   (Esta fiesta es *más importante que* ésa.)
2. María es _____ (alto)* _____ su hermana.
3. Juan es _____ (alto) _____ su padre.
4. Estos hombres son _____ (fuerte) _____ esos.
5. Elena es _____ (bonito) _____ María.
6. Este libro es _____ (bueno) _____ el otro.
7. El tiempo hoy es _____ (malo) _____ ayer.
8. Estas calles son _____ (largo) _____ aquellas.
9. Como alumno Felipe es _____ (malo) _____ yo.
10. Este cuarto es _____ (pequeño) _____ el otro.
11. Estos ejercicios son _____ (fácil) _____ los últimos.
12. El parece hoy _____ (alegre) _____ nunca.

B. *Complete las oraciones usando los adjetivos en forma superlativa:*

1. Este jardín es _____ (hermoso) _____ la ciudad. (Este jardín es *el más hermoso de* la ciudad.)

---

* Note that all adjectives appear in parentheses in singular, masculine form. Therefore, make whatever changes in gender or number are required in individual sentences, in this exercise and in subsequent exercises.

2

2. Juan es _____ (inteligente) _____ la clase.
3. Esta estación es _____ (frío) _____ año.
4. Esta montaña es _____ (alto) _____ país.
5. Este libro es _____ (interesante) _____ todos.
6. Este día de fiesta es _____ (importante) _____ año.
7. Esta revista es _____ (bueno) _____ todas.
8. Esta calle es _____ (largo) _____ la ciudad.
9. Estos ejercicios son _____ _____ (difícil) _____ libro.
10. El día de hoy es _____ (frío) _____ el invierno.

C. *Use los adjetivos en forma (a) comparativa, (b) superlativa, y complete las oraciones:*

1. Juan es _____ (alto) _____ (a. Juan es más alto que su hermano. b. Juan es el alumno más alto de la clase.)
2. Nueva York es _____ (grande) _____.
3. El tiempo hoy es _____ hermoso) _____.
4. Esta calle es _____ (famoso) _____.
5. Este jardín es _____ (hermoso) _____.
6. Estas montañas son _____ (alto) _____.
7. Estos ejercicios son _____ (difícil) _____.
8. Ese libro es _____ (bueno) _____.
9. Como alumno, Eduardo es _____ (malo) _____.
10. El es _____ (grande) _____.
11. María es _____ pequeño) _____.
12. Este día _____ (largo) _____.

D. *Cambie al plural las palabras en letra cursiva:*

1. Este *estante* es el más alto de la escuela. (Estos *estantes* son los más altos de la escuela.)
2. Esta *revista* es la más popular de todas.
3. Compraron la mejor *casa* de la ciudad.
4. Estuvimos allí el peor *día* del año.
5. Hicimos el *ejercicio* más difícil del libro.
6. Vimos la mejor *película* del año.

3

7. Este *árbol* es el más alto del jardín.
8. Esta *flor* es la más bonita de todas.
9. Estudiamos en el *aula* más grande de la escuela.
10. Viven en la *casa* más hermosa de la ciudad.
11. Este *mes* es el más corto del año.

E. *Use los adverbios en forma comparativa:*

1. Habla _____ (rápidamente) _____ yo. (Habla *más rápidamente que* yo.)
2. Elena lee _____ (lentamente) _____ su hermano.
3. Eduardo habla _____ (bien) _____ yo.
4. Hoy lo hizo _____ (fácilmente) _____ yo.
5. Le escuchamos _____ (atentamente) _____ nunca.
6. Trabaja _____ (aprisa) _____ su hermano.
7. Habla _____ (mal) _____ María.
8. Llegó _____ (temprano) _____ su esposa.

F. *Use* DE *o* QUE *en los espacios en blanco:*

1. El es más estudioso _____ yo.
2. Es el alumno más aplicado _____ la clase.
3. Es el peor día _____ la semana para mí.
4. Vino más temprano _____ Elena.
5. Es la ciudad más grande _____ país.
6. Habla mejor _____ su hermano.
7. Hay más _____ cien alumnos en la clase.
8. Tiene más amigos _____ yo.
9. Tiene más _____ veinte amigos en la escuela.
10. Es más honrado _____ los otros.
11. Tuvimos que esperar más _____ diez minutos.
12. Vino allí más temprano _____ nosotros.

G. *Seleccione la forma correcta:*

1. Caminamos más (que, de) diez millas.
2. Como alumno, Juan es (más malo, peor) que su hermano.
3. Son los alumnos más inteligentes (en, de) la clase.

4

4. María y Elena son las (mejor, mejores) alumnas de la clase.
5. Raquel es la alumna más (alto, alta) de la clase.
6. Estos ejercicios son más (útil, útiles) que los otros.
7. El tiempo está peor hoy (que, de) ayer.
8. Vamos a tratar (a, de) comunicarnos con él hoy.
9. Ellos aprenden (hablar, a hablar) rápidamente.
10. Ayer (hay, había) muchos alumnos ausentes. clase.
11. El escritorio del profesor (es, está) delante de los alumnos.
12. Estas manzanas son (peor, peores) que ésas.

H. *Conteste estas preguntas:*

1. ¿Es usted más o menos* alto que su amigo?
2. ¿Quién es el alumno más alto de su clase?
3. ¿Cuánto dinero tiene usted? ¿Tiene más de diez dólares en su cartera?
4. ¿Cuál es la ciudad más grande del mundo?
5. ¿Cuál de sus alumnos habla mejor el español?
6. ¿Qué día de fiesta, en su opinión, es el mejor del año?
7. ¿Habla usted español ahora mejor o peor que el año pasado?
8. ¿Son las muchachas de su clase más o menos aplicadas que los muchachos?
9. ¿Habla usted español más o menos rápidamente que su profesor?
10. ¿Había más o menos de cinco alumnos ausentes hoy?
11. ¿Es usted mayor o menor que su hermano?
12. ¿Son más o menos difíciles estos ejercicios que los de la otra lección?

---

* *Menos* (less, least) can also be used in comparisons and superlatives of most adjectives and adverbs: Mi libro es *menos* difícil que su libro. El habla *menos* rápidamente que tú.

LECCION 27

58. COMPARISON OF EQUALITY (Adjectives and Adverbs—Continued): In comparing two things of equal value *tan* is placed before the adjective or adverb and *como* is placed immediately after it. (The same idea is expressed in English with *as ... as* or *so .... as.*)

Este cuento es *tan* largo *como* ése.	*This story is* as *long* as *that one.*
Chicago no es *tan* grande *como* Nueva York.	*Chicago is not* as *big* as *New York.*
El habla *tan* bien *como* ella.	*He speaks* as *well* as *she.*

a) If nouns are compared, *as much ... as, as many ... as* are expressed in Spanish by *tanto ... como.*

Tengo *tanto* dinero *como* usted.	*I have* as *much* money *as* you.
Tiene *tantos* amigos *como* ella.	*He has* as *many* friends *as* she.
Había *tantos* muchachos *como* muchachas.	*There were* as *many* boys *as* girls.

59. THE DEFINITE ARTICLE: The student will probably have observed that with the parts of the body and articles of clothing the definite article is used in Spanish instead of the personal pronoun. Thus: Yo *me pongo los* (not *mis*) *guantes.* The reflexive form of the verb in such cases indicates the owner of the gloves; consequently it is not necessary to use the personal pronoun.

El se lava *las* manos.	*He is washing* his *hands.*
Ella se quitó *el* sombrero.	*She took off* her *hat.*

EJERCICIOS

A. *Complete las siguientes oraciones con* TAN ... COMO. *Siga el modelo.*

1. Juan es _____ (alto) _____ Enrique. (Juan es *tan* alto *como* Enrique.)

6

2. Aquellas muchachas no son _____ (bonito) _____ éstas.
3. Ellos no son _____ (joven) _____ nosotros.
4. Esta calle no es _____ (ancho) _____ la Quinta Avenida.
5. Elena no es _____ (hermoso) _____ su hermana.
6. Los alumnos de este año no son _____ (aplicado) _____los del año pasado.
7. Estos niños son _____ (simpático) _____ ésos.
8. Ninguna revista es _____ (interesante) _____ ésta.
9. La hermana menor no es _____ (inteligente) _____ la mayor.
10. Yo no soy _____ (estudioso) _____ Juan.
11. Chicago no es _____ (grande) _____ Nueva York.
12. No somos _____ (ricos) _____ ellos.

B. *Complete las siguientes oraciones con* TANTO . . . COMO. *Siga el modelo:*
1. No tengo _____ dinero _____ Juan. (No tengo *tanto* dinero *como* Juan.)
2. No tengo _____ libros _____ Juan.
3. No tienen _____ amigos _____ nosotros.
4. Ella no tiene _____ amigas _____ nosotros.
5. Yo no como _____ carne _____ legumbres.
6. Vamos a pasar allí _____ tiempo _____ usted.
7. Escuchamos al profesor con _____ atención _____ _____ siempre.
8. Este automóvil vale _____ dinero _____ el otro.
9. No tenemos que escribir _____ composiciones _____ _____ antes.
10. El no viene aquí con _____ frecuencia _____ antes.
11. No hay _____ muchachos _____ muchachas en nuestra clase.
12. No tenía _____ ambición _____ ella.

7

C. *Use cada oración en los tres grados de comparación. Siga el modelo:*

1. Enrique es _____ (estudioso) _____ su hermano. (a. Enrique es *tan* estudioso *como* su hermano. b. Enrique *no* es *tan* estudioso *como* su hermano. c. Enrique es *más* estudioso *que* su hermano.)
2. El tiempo hoy es _____ (frío) _____ ayer.
3. Estos ejercicios son _____ (útil) _____ aquellos.
4. El habla español _____ (bien) _____ yo.
5. Vienen aquí _____ (a menudo) _____ yo.
6. Enrique escribe en español _____ (mal) _____ como su hermano.
7. Esta iglesia es _____ (viejo) _____ la ciudad.
8. Son _____ (pobre) _____ nosotros.
9. Mi hermana es _____ (hermoso) _____ María.
10. Este cuarto y aquel son _____ (grande) _____ el otro.
11. Estos cuentos serán _____ (interesante) _____ los últimos.
12. Llegaré _____ (temprano) _____ ustedes.

D. *Ponga el artículo definido correcto:*

1. Juan siempre se lava _____ manos antes de comer.
2. Al despertarme yo me lavo _____ cara en seguida.
3. El niño abrió _____ ojos.
4. Ellos se limpiaron _____ dientes.
5. María se puso _____ guantes.
6. El se quitó _____ sombrero y _____ chaqueta.
7. Se lavaron _____ manos con agua y jabón.
8. El niño no puede quitarse _____ zapatos.
9. Me cepillé _____ cabello.
10. Elena se quitó _____ anteojos.

E. *Seleccione la forma correcta:*

1. No hay (tantos, tantas) muchachas como muchachos en nuestra clase.

8

2. Se quitó (sus, los) guantes.
3. Ellos no son tan (estudioso, estudiosos) como nosotros.
4. Tienen más dinero (que, como) mi familia.
5. A mí no me (gusta, gustan) estos ejercicios.
6. Mi mamá dice que tengo que (poner, ponerme) el abrigo antes de salir.
7. Tenemos que (levantarnos, levantarse) temprano mañana.
8. Ella no tiene (tanto, tanta) ambición como mi esposa.
9. Es el alumno más simpático (en, de) la clase.
10. Dicen que la madre de Juan (es, está) muy enferma.
11. Ella (se enfermó, enfermó) repentinamente en el cine anoche.
12. Ella (es, está) una persona muy simpática.
13. Cuando llegué, Juan (durmió, dormía).
14. Anoche (me dormí, dormí) inmediatamente.

F. *Corrija los errores:*

1. Ayer yo vio al señor Alvarez en la calle Príncipe.
2. El no es tanto simpático como su esposa.
3. Tengo más que cinco dólares.
4. El primero ejercicio es muy difícil.
5. Estos ejercicios son más difícil que los últimos.
6. ¿Cuál es el tercero día de la semana?
7. Es el mejor estudiante en la clase.
8. Yo lavo mis manos antes de comer.
9. Ellos siempre levantan temprano.
10. Anoche yo acosté a las once.
11. Esta es la mejor revista de todos.
12. El mes de febrero tienen veintiocho días.
13. Son la gente más ricas de la ciudad.
14. Había ayer más que cinco alumnos ausentes.
15. Tengo mucho hambre.

G. *Conteste estas preguntas:*

1. ¿Es Nueva York tan grande como Chicago o más grande que Chicago?

9

2. ¿Habla usted español tan bien como su amigo, o mejor que él?

3. ¿Qué alumno de su clase habla mejor el español.

4. ¿Sabe usted tantas palabras en español como su profesor o menos que él?

5. ¿Hay tantas muchachas como muchachos en su clase de español o hay más muchachas que muchachos?

6. ¿Por qué no va usted al cine tan a menudo como antes?

7. ¿Tiene usted en la escuela tantos amigos como Juan, o menos amigos que él?

8. En su opinión, ¿qué es más difícil de aprender, español o inglés?

9. ¿Es el francés tan difícil como el español o más difícil?

10. ¿Cuál es el idioma más difícil de aprender?

11. ¿Cuándo se pone usted el sombrero, al salir de la casa o al entrar en ella?

12. ¿Se lava usted las manos antes o después de la comida?

13. Por regla general, ¿a qué edad aprenden los niños a vestirse, ponerse y quitarse los zapatos, etc.?

14. ¿Se pone el profesor los anteojos solamente para leer, o los usa siempre?

LECCION 28

60. THE DEFINITE ARTICLE—(Continued): The definite article is generally used in the same way in Spanish as it is in English. There are, however, certain special uses in Spanish which differ from those in English. In Spanish the definite article is used:

a) Before nouns in a general sense to denote the thing or kind indicated:

La madera es útil.	*Wood* (in general) is useful.
La leche es buena para la salud.	*Milk* (in general) *is good for the health.*

b) With expression of time:

Es *la* una.	It *is* one o'clock.
Son *las* tres.	It *is* three o'clock.

c) With the names of languages. However, after *hablar, aprender, estudiar* and after the preposition *en* the article is omitted:

El español es fácil; *el* ruso es difícil.	*Spanish* is easy; *Russian* is difficult.
Hablan *español;* ahora quieren aprender *francés.*	They speak *Spanish;* now they want to learn *French.*
Lo explica en *inglés.*	He explains it in *English.*

d) With the names of certain countries and a few cities and places in which the article seems to be a definite part of the name:

El Canadá, *El* Brasil, *La* Argentina, *El* Japón, *La* Florida, *La* India, *La* China.

e) Before a proper noun modified by a title (except in direct address):

El señor Gómez y *la* señora Ruiz vinieron juntos.	*Mr. Gómez and Mrs. Ruiz came together.*

61. CONOCER, PARECER, ETC.: Verbs such as *conocer, parecer, producir,* which end in-*cer* or-*cir* preceded by a vowel, have -*zco* as

11

the ending in the first person singular of the present tense indicative.

conocer—*conozco*, conoces, conoce, conocemos, etc.

parecer—*parezco*, pareces, parece, parecemos, etc.

62. Note carefully the difference in use between *conocer* and *saber. Conocer* means *to be acquainted with* or *familiar with* (a person, a place, an object). *Saber* means *to know* (a fact, information), *to know how.*

Conozco al señor Ruiz.	*I know* Mr. Ruiz.
Conocen bien Buenos Aires.	*They know* (are familiar with) *Buenos Aires well.*
El *sabe* que Elena está enferma.	He *knows* that Elena is sick.
¿*Sabes* nadar?	Do *you know how* to swim?

EJERCICIOS

A. *Use el artículo definido correcto cuando sea necesario:*
1. Me gustan _____ flores.
2. _____ muerte viene a todo el mundo.
3. _____ lana es más duradera que _____ seda.
4. _____ algodón tiene muchos usos en _____ industria textil.
5. Este vestido es de _____ algodón.
6. A mí no me gustan _____ vestidos de lana.
7. Es una ley de _____ naturaleza.
8. _____ vino estimula _____ apetito.
9. _____ color blanco es símbolo de _____ pureza.
10. Su sombrero es de _____ color oscuro.
11. _____ oro es un metal precioso.
12. Mi anillo es de _____ plata.

B. *Use el artículo definido correcto cuando sea necesario:*

1. Mi profesor dice que _____ francés es más difícil que _____ español.
2. Yo estudié _____ francés _____ año pasado.
3. El señor Papini y su esposa siempre hablan en _____ italiano.

12

4. Quiero estudiar .... italiano después de aprender
   .... español.
5. .... inglés es un idioma práctico porque es muy co-
   mercial.
6. En cambio, ... francés es un idioma diplomático.
7. Dicen que .... español, por su belleza, es el idioma
   para hablarle a Dios.
8. El profesor dice que no podemos hablar .... inglés en
   .... clase.
9. Siempre hablamos en .... español.
10. Eduardo estudió .... francés durante muchos años;
    ahora quiere empezar a estudiar .... alemán.

C. *Use el artículo definido correcto cuando sea necesario:*
1. .... año pasado pasamos cuatro meses en ....
   Bogotá.
2. .... Buenos Aires es .... capital de ....
   Argentina.
3. .... año que viene van a hacer un viaje a México.
4. Van a pasar un mes en .... Ciudad de México.
5. .... San Juan es .... capital de .... isla de
   Puerto Rico.
6. .... Brasil es uno de .... países más grandes de
   .... América del Sur.
7. .... Estados Unidos se componen de 50 estados.
8. Ellos viven en .... estado de Nueva York.
9. .... Canadá está al norte de .... Estados Unidos.
10. Vamos a visitar .... Chicago, ... Los Angeles
    y .... Dallas; después vamos a ir a .... Florida.
11. .... China y .... Japón son países del Lejano
    Oriente.
12. Van a hacer un viaje por .... Francia, ... Ale-
    mania, ... Rusia y tal vez irán hasta .... India.

D. *Use el artículo definido correcto cuando sea necesario:*
1. Ayer vi en .... calle a .... señora Jiménez.

13

2. _____ señor González nos enseña historia todos _____ días.
3. Ayer me encontré con _____ profesor Gómez. Le dije: "Buenos días, _____ profesor Gómez".
4. ¿Dónde viven _____ señor y _____ señora de Hernández?
5. El se llama _____ Luis Rodríguez.
6. El apellido de ella es _____ Torres.
7. _____ señora Torres es muy simpática.
8. _____ señorita Torres es una muchacha encantadora.
9. Cuando le veo, le saludo así: "¿Cómo le va, _____ señor García?"
10. _____ señor García es nuestro profesor de portugués.

E. *Use la forma correcta del tiempo presente de los verbos en paréntesis:*

1. Yo _____ (conocer) bien al señor García.
2. El _____ (parecerse) mucho a su hermano.
3. Dicen que yo _____ (parecerse) a mi padre.
4. ¿Quién le _____ (parecer) a usted el mejor alumno de la clase?
5. Este camino _____ (conducir) directamente a la ciudad.
6. Colombia _____ (producir) el mejor café del mundo.
7. Yo _____ (conducir) mi automóvil a mucha velocidad.
8. ¿Qué ciudad le _____ (parecer) la más bonita del mundo?
9. Yo no _____ (conocer) bien al señor Gómez.
10. Juan dice que _____ (conocer) bien Nueva York.

F. *Use la primera persona del singular:*

1. El conoce bien a Elena. (*Yo conozco bien a Elena.*)
2. El conduce bien su automóvil.
3. El se parece mucho a su hermano.

4. El no conoce bien la ciudad.
5. El parece estar un poco cansado.
6. El parece cansado.
7. El les hace muchos regalos en Navidad.
8. El aparece cuando nadie lo espera.
9. El cree que se lo merece todo.
10. Ella luce bien con ropa negra.

G. *Use el verbo que corresponda,* CONOCER *o* SABER:

1. Enrique dice que .... bien Nueva York.
2. ¿ .... usted bailar?
3. Juan nunca .... bien su lección.
4. Yo no .... nada de este asunto.
5. Anoche en el baile .... a dos muchachas bonitas.
6. ¿Cuándo .... usted a la señorita Torres?
7. ¿ .... usted algunas canciones en español?
8. Mi amigo .... tocar el piano muy bien.
9. Yo .... mucha gente en México.
10. En Brooklyn todos los muchachos .... jugar a la pelota.
11. El señor Gómez dice que .... bien algunos artistas de cine.
12. El los .... el verano pasado cuando estuvo en Hollywood.

H. *Conteste estas preguntas:*

1. ¿Sabe usted patinar?
2. ¿Conoce usted bien al director de su escuela?
3. ¿Cuándo y cómo conoció usted a su amigo Juan?
4. ¿Qué idioma se habla en el Brasil?
5. ¿Lee usted el español con mucha o poca dificultad?
6. ¿De qué país es capital Caracas?
7. ¿Qué idioma se habla en Portugal? ¿En el Canadá? ¿En la Argentina? ¿En México? ¿En Alemania?
8. ¿En qué países se habla inglés?
9. En Francia se habla francés, ¿cierto?
10. ¿En qué país se encuentra la ciudad de Buenos Aires?

15

11. ¿En qué países se encuentran estas ciudades: París, Moscú, Roma, Berlín?
12. ¿Está la Florida al norte o al sur de los Estados Unidos?
13. ¿Qué hora es? ¿Son ya las doce?
14. ¿Es el café bueno o malo para la salud?

LECCION 29

63. IMPERATIVE (COMMAND) FORM: Commands of the formal type in Spanish (with *usted, ustedes*) are formed from the stem of the first person singular of the verb, present tense. To this stem is added *e, en* for verbs which end in *ar* (verbs of the first conjugation) and *a, an* for verbs which end in *er* and *ir* (verbs of the second and third conjugations).

1st Person	Stem	Imperative Form			
(Yo) hablo	habl	hable	(Ud.) *	hablen	(Uds.) *
(Yo) como	com	coma	(Ud.)	coman	(Uds.)
(Yo) vivo	viv	viva	(Ud.)	vivan	(Uds.)
(Yo) pongo	pong	ponga	(Ud.)	pongan	(Uds.)
(Yo) traigo	traig	traiga	(Ud.)	traigan	(Uds.)
(Yo) hago	hag	haga	(Ud.)	hagan	(Uds.)

The imperative form of the verb *dar* is *de* (pl. *den*). The imperative form of *ir* is *vaya* (pl. *vayan*).

a) The familiar imperative has exactly the same form as the third person singular of the present tense. This form is used affirmatively.**

Oye, Juan, habla con el profesor.	*Listen, John, talk to the teacher.*
Toma el libro y aprende la lección.	*Take the book and learn the lesson.*
Cierra la puerta, por favor.	*Close the door please.*

The familiar (affirmative) command form is irregular in these verbs: decir (di), hacer (haz), ir (ve), poner (pon), salir (sal), ser (sé), tener (ten), venir (ven).

b) If pronouns are used with the command, they are attached to the verb, forming a single word, in all positive sentences. If the command is negative, the pronouns precede the verb.

(*) The abbreviation for *usted* is *Ud.*; the abbreviation for *ustedes* is *Uds.*
** The familiar imperative as used in the negative will be discussed later.

17

Hazlo ahora.	Dímelo.
Tómelo.	Déle el lápiz.
No lo tome.	No le dé el lápiz.
Siéntese	Tráigame el libro.
No se siente.	No me traiga el libro.

(Note that the written accent is often required when a pronoun is attached to the verb.)

64. PLURAL FORM (Continued): In an earlier lesson we learned that adjectives which terminate in a consonant have only one form in the singular for both masculine and feminine nouns (un libro *fácil*, una lección *fácil*). A few adjectives, however, which terminate in *an, on,* and *or* add *a* to form the feminine (*burlón, burlona; trabajador, trabajadora,* etc.) Certain adjectives of nationality also add *a* in the feminine.

un hombre *francés*	una mujer *francesa*
un pueblo *español*	una ciudad *española*

EJERCICIOS

A. *Use el imperativo singular; primero con* UD. *y después con* TU:

1. (Leer) el libro. (Lea Ud. el libro.) (Lee tú el libro.)
2. (Traer) el libro con usted.
3. (Esperar) hasta mañana.
4. (Venir) temprano.
5. (Ir) con ellos.
6. (Poner) el libro sobre la mesa.
7. (Estudiar) este ejercicio.
8. (Escribir) una composición para mañana.
9. (Hacer) sus tareas en casa.
10. (Salir) temprano.
11. (Comprar) los billetes hoy.
12. (Llevar) esto con usted.
13. (Cerrar) la puerta.
14. (Abrir) la ventana.
15. (Decir) la verdad.

B. *Use el imperativo, plural:*

1. (Leer) este cuento. (1. Lean Uds. este cuento.)
2. (Llevar) estas revistas con ustedes.
3. (Escuchar) al profesor.
4. (Hablar) en español.
5. (Escribir) a sus amigos en español.
6. (Poner) sus libros sobre los escritorios.
7. (Abrir) sus libros ahora.
8. (Mirar) a la pizarra.
9. (Venir) con nosotros.
10. (Hacer) su trabajo con más cuidado.
11. (Pedir) más café.
12. (Volver) pronto.
13. (Continuar) estos ejercicios.
14. (Tener) cuidado con estos ejercicios.

C. *Use el imperativo, singular; primero con* UD., *luego con* TU:

1. Escribirlo ahora. (*Escríbalo* usted ahora.) (*Escríbelo* tú ahora.)
2. Esperarlos aquí.
3. Mandárselas mañana.
4. Traerlos con usted.
5. Telefonearles en seguida.
6. Aprenderla bien.
7. Ponerlo sobre la mesa.
8. Tomarlo después de cada comida.
9. Sujetarlo bien.
10. Agitarla bien.
11. Comerlo todo.
12. Prepararlo rápidamente.
13. Dármelo ahora.
14. Cerrármelas, por favor.

D. *Use la forma negativa:*

1. Escríbale una carta. (*No le escriba* una carta.)
2. Tráigame ese libro.

3. Espéreme en la esquina.
4. Démelo ahora.
5. Enséñeselos a ella.
6. Mándemelos mañana.
7. Telefonéeles hoy.
8. Hágamelo inmediatamente.
9. Póngala sobre la mesa.
10. Pídaselos a él.
11. Ciérreme la puerta.
12. Díganoslo claramente.

E. *Use el imperativo, singular; primero con* Ud. *y luego con* TU:

1. (Sentarse) aquí.
2. (Levantarse) temprano.
3. (Acostarse) a las ocho.
4. (Lavarse) las manos antes de comer.
5. (Vestirse) pronto.
6. (Ponerse) el abrigo.
7. (Peinarse) bien.
8. (Cepillarse) el cabello antes de acostarse.
9. (Quitarse) esa camisa tan sucia.
10. (Arreglarse) la corbata.

F. *Añada al verbo el pronombre correspondiente en vez de las palabras en letra cursiva:*

1. Abra *la puerta.* (Abrala.)
2. Traiga *los libros* con usted.
3. Mande *las cartas* mañana.
4. Espere *al cartero* aquí.
5. Póngase *el sombrero.*
6. Quítese *la chaqueta.*
7. Cuénteme *lo que pasó.*
8. Haga *el trabajo* bien.
9. Lea *el artículo* en voz alta.

10. Abra *el libro*.
11. Aprenda *la lección* bien.
12. Escriba *las frases* con cuidado.

G. *Haga una sola palabra del verbo y el pronombre correspondiente. Siga el modelo:*

1. Traiga el periódico (a mí). (*Tráigamelo.*)
2. Mande las cartas (a ella).
3. Haga un retrato (para mí).
4. Escriba una carta (a ella).
5. Lea el artículo (a mí) en voz alta.
6. Lee el libro (a mí).
7. Enseñe las reglas (a mí).
8. Compre el regalo (para él) mañana.
9. Lleve el paquete (a ellos) mañana.
10. Envíe el mensaje (a ella) en seguida.

H. *Use la forma correcta del adjetivo entre paréntesis:*

1. Ella es una muchacha (alemán).
2. Son alumnos (alemán).
3. Ella es muy (trabajador).
4. La señora López es muy (hablador).
5. A mí me gusta mucho la lengua (francés).
6. La bandera (español) es muy bonita.
7. Había muchas obras (francés) en la exhibición.
8. La comida (alemán) es muy pesada.
9. Elena tiene una expresión (burlón).
10. En el puerto había muchos barcos (francés) y parte de la escuadra (inglés).

21

LECCION 30

65. PRESENT PERFECT TENSE (EL PRETERITO PERFECTO):
The present perfect tense is formed with the present tense of the
verb *haber,* used as an auxiliary, and the past participle of the main
verb. As in English the past participle remains unchanged when used
with an auxiliary verb:

he hablado	hemos hablado
has hablado	(habéis hablado)
ha hablado	han hablado

(English equivalent: I have spoken, you have spoken, etc.)

a) Past participles in Spanish are formed as follows: if the
infinitive ends in *-ar* (verbs of the first conjugation), *-ado* is added
to the stem. If the infinitive ends in *-er* or *-ir* (verbs of the second
and third conjugations), *-ido* is added to the stem.

hablar—hablado	comer—comido	vivir—vivido
cerrar—cerrado	vender—vendido	pedir—pedido

66. USE OF THE PRESENT PERFECT TENSE: The present perfect
tense, with minor exceptions, is used in the same way in Spanish as
it is in English:

a) It is used to indicate an action in an indefinite period of past
time. (If a definite past action is indicated, the preterite is used.)

Yo *he leído* ese libro.	I *have read* that book.
Ellos *han vendido* su casa.	They *have sold* their house.

b) It is used, as in English, to describe a past action which continues up to the present time.

Juan *ha estudiado* español tres meses.	John *has studied* Spanish for three months.
Han vivido aquí muchos años.	They *have lived* here many years.

Remember that the same idea, that of expressing an action which
began in the past and which continues up to the present time, is

also frequently expressed in Spanish by use of the present tense together with *hace*.

Hace tres meses que Juan *estudia* español.

Hace muchos años que *viven* aquí.

John *has studied* (*been studying*) Spanish for three months.

They *have lived* (*been living*) here many years.

EJERCICIOS

A. *Continúe la conjugación:*

1. Yo he llamado varias veces. (Tú has llamado varias veces. Usted ha llamado varias veces. El ha llamado, etc.)
2. Yo he leído ese libro.
3. Yo he traído todos mis libros.
4. Yo he estudiado mi lección.
5. Yo he preparado mis tareas.
6. Yo he vivido aquí muchos años.
7. Yo he estado enfermo.
8. Yo he copiado mi lección.

B. *Use la forma correcta del pretérito perfecto de los verbos entre paréntesis:*

1. Ellos _____ (ir) al baile.
2. Juan _____ (visitar) a su amigo.
3. Por fin tú _____ (regresar) a casa.
4. Ellas _____ (recibir) dos paquetes por correo.
5. Nosotros no _____ (pedir) nada.
6. Ellos no _____ (lavarse) las manos todavía.
7. Juan _____ (comer) su manzana.
8. El me _____ (ayudar) mucho.
9. ¿Qué le _____ (mandar) Carlos?
10. Elena _____ (buscar) su sombrero por todas partes.
11. Ellos _____ (encontrar) la mayoría de los cuadros.
12. Yo no _____ (leer) ese libro todavía.
13. Ellos _____ (vender) su automóvil.
14. Juan y Elena _____ (hablar) más de una hora.

C. *Use el pretérito perfecto:*

1. El viene aquí con mucha frecuencia. (El *ha venido* aquí con mucha frecuencia.
2. El lee muchos libros.
3. María llega tarde muchas veces.
4. Yo siempre estudio mis lecciones.
5. Hablan mucho de política.
6. El toma café todos los días.
7. Visitan muchas tiendas.
8. El señor Gómez enseña bien.
9. Van al cine.
10. Siempre regresan temprano.
11. El cierra las ventanas del aula.
12. Su primo viaja por muchos países.

D. *Use la tercera persona del singular. Empiece cada oración con* MI HERMANO:

1. He estado muy enfermo. (*Mi hermano* ha estado muy enfermo.)
2. He vivido aquí muchos años.
3. He viajado mucho.
4. Le he hablado muchas veces.
5. Me he divertido mucho en el baile.
6. He ido allí por avión varias veces.
7. Le he explicado todo en inglés.
8. He aprendido mucho en esta clase.
9. He preparado mis lecciones.
10. Siempre le he prestado mucha atención al profesor.
11. He conversado con ella varias veces.
12. Siempre me he levantado temprano.

E. *Repita el ejercicio D usando la tercera persona del plural. Empiece cada oración con* MIS HERMANOS: (1. *Mis hermanos* han estado muy enfermos.)

F. Cambie las siguientes oraciones al tiempo presente para expresar la misma idea. Siga el modelo:

1. Han vivido aquí muchos años. (*Hace* muchos años que *viven aquí.*)
2. Juan ha estudiado inglés tres meses.
3. El señor López nos ha enseñado español dos meses.
4. Hemos trabajado aquí dos años.
5. He estado enfermo una semana.
6. Hemos esperado dos horas para verlo.
7. El ha caminado más de media hora por el parque.
8. El mismo cartero nos ha traído la correspondencia durante diez años.
9. Ella ha vivido en la misma casa muchos años.
10. El ha dado clases privadas de español durante muchos años.

G. Cambie las siguientes oraciones, usando el pretérito perfecto para expresar la misma idea. Siga el modelo:

1. Hace muchos años que él enseña español. (El ha enseñado español muchos años.)
2. Hace tres años que yo como en este mismo restaurante.
3. Hace dos meses que él toma vino en la comida.
4. Hace solamente dos meses que están en este país.
5. Hace tres años que viven en México.
6. Hace un mes que Elena está en el hospital.
7. Hace tres meses que el señor López me da clases particulares.
8. Hace muchos años que estudiamos alemán.
9. Hace casi tres años que Juan es el primer estudiante de su clase.
10. Hace un mes que Roberto trabaja en esa tienda.

H. Conteste estas preguntas:

1. ¿Ha estado usted alguna vez en el Perú?
2. ¿Cuántas lecciones han terminado ustedes en este libro?
3. ¿Qué ejercicio le ha parecido más difícil?
4. ¿Qué ejercicios le han parecido más útiles?

5. ¿Ha tratado usted ya de hablar español con otra persona? ¿Con quién ha hablado?
6. ¿Qué libros en español ha leído usted hasta el presente?
7. ¿Cuántas veces durante esta semana ha comido usted en ese restaurante?
8. ¿Cuánto tiempo hace que usted estudia español?
9. ¿Cuántas semanas hace que su amigo Juan está enfermo?
10. ¿Cuántos años hace que su padre trabaja en la misma compañía?
11. ¿Ha vivido usted en la misma casa durante mucho tiempo?
12. ¿Cuántos años hace que usted vive allí?

LECCION 31

67. PAST PERFECT TENSE (EL PRETERITO PLUSCUAMPER-FECTO): The past perfect tense is formed with the past form of the verb *haber* (*había*), used as an auxiliary, and the past participle of the main verb.

había hablado	habíamos hablado
habías hablado	(habíais hablado)
había hablado	habían hablado

a) The past perfect tense is used in Spanish exactly as it is in English, to describe a past action which took place before another past action. Thus it is generally used together with a second verb in the simple past tense, stated or implied.

Juan dijo que *había hablado* con ella.	John said that he *had talked* to her.
Llegué a las dos; pero ellos ya *habían salido.*	I arrived at two o'clock; but they *had* already *left.*

68. FUTURE PERFECT TENSE (EL FUTURO PERFECTO): The future perfect tense is formed with the future form of the verb *haber* (*habré*, etc.), used as an auxiliary, and the past participle of the main verb. Thus: *habré hablado, habrás hablado, habrá hablado,* etc. Its equivalent in English is: *I will have talked, you will have talked, he will have talked,* etc.

a) The future perfect tense in Spanish, just as in English, is seldom used and merits limited attention on the part of the student. It describes an action in the future which takes place before a second future action: *Si llegamos tarde mañana, Juan habrá salido.* (If we arrive late tomorrow, John *will have left.*)

69. IRREGULAR PAST PARTICIPLES: Note the following irregular past participles:

abierto (abrir)	escrito (escribir)	puesto (poner)
dicho (decir)	hecho (hacer)	visto (ver)
cubierto (cubrir)	muerto (morir)	vuelto (volver)

27

a) The past participles of *leer, creer, traer, oír* are regular but note that they carry an accent: *leído, creído, traído, oído.*

b) Note also that although the past participles never change their form when used with the auxiliary *haber* to form the compound tenses, they change their endings if they are used alone as adjectives:

La composición *escrita* por Juan es buena.
Los libros *escritos* por él son malos.

EJERCICIOS

A. *Continúe la conjugación:*

1. Yo no había vuelto. (Tú no habías vuelto. Usted no había vuelto. El no había vuelto. Etc.)
2. Yo había visto la película.
3. Yo las había recibido.
4. Yo les había mandado las tarjetas.
5. Yo había comido.
6. Yo la habré visto.
7. Yo lo habré hecho.
8. Yo lo he mandado.
9. Yo he vivido aquí muchos años.
10. Yo les había escrito ya.

B. *Use la forma correcta del pretérito pluscuamperfecto de los verbos entre paréntesis:*

1. Cuando hablé con Juan, me dijo que ya _____ (mandar) los paquetes.
2. Me dijo también que me _____ (llamar) por teléfono anteriormente.
3. Fuimos a su casa, pero Juan y María _____ (salir).
4. Ellos nos _____ (esperar) dos horas.
5. Eduardo me escribió para decirme que _____ (estar) enfermo durante dos meses.

28

6. Juan dijo que ya _____ (ver) la película.
7. Yo le llamé anoche, pero usted ya _____ (acostarse).
8. El _____ (preparar) sus lecciones antes de salir.
9. El insistió en que _____ (echar) la carta en el buzón.
10. Le dije que no la _____ (recibir).

C. *Use el pretérito pluscuamperfecto. Empiece cada oración con* EDUARDO DIJO. *Siga el modelo:*

1. Nos mandó las tarjetas. (*Eduardo dijo* que nos había mandado las tarjetas.)
2. Vio la película.
3. Llamó por teléfono anoche.
4. Lo compró en Miami.
5. Puso la carta sobre la mesa.
6. Llegó sin dificultad alguna.
7. Buscó a Carlos por todas partes.
8. Pensó mandárselos ayer.
9. Tuvo que ir al banco.
10. Pidió el libro al señor Vargas.

D. *Use el participio pasivo de los verbos entre paréntesis:*

1. El ha _____ (hacer) mucho trabajo hoy. (El ha *hecho* mucho trabajo hoy.)
2. Ellos ya habían _____ (escribir) las cartas.
3. Dijo que había _____ (poner) los libros sobre la mesa.
4. Cuando llegué, ellos ya habían _____ (volver).
5. Lo había _____ (ver) durante un viaje a España.
6. Juan ha _____ (abrir) todas las ventanas.
7. Hemos _____ (traer) todos nuestros nuevos libros.
8. ¿Ha _____ (oír) usted la última noticia?
9. Yo no he _____ (ver) esa película todavía.
10. Ellos habían _____ (cubrir) el ataúd con flores.
11. ¿Dónde ha _____ (poner) usted la tiza?

12. Han _____ (decir) que no van a venir más a la clase.
13. Siempre he _____ (creer) que era un buen muchacho.
14. ¿Qué ha _____ (hacer) usted con mi sombrero?

E. *Use la forma correcta de los participios pasivos utilizados aquí como adjetivos:*

1. La carta _____ (escrito) por Juan llegó ayer.
2. A mí no me gustan los libros _____ (escrito) por Ibáñez.
3. Los regalos _____ (dado) por mi tío siempre son caros.
4. Esta es una composición muy mal _____ (escrito).
5. A mí me gustan las casas _____ (construido) con ladrillos.
6. El niño llegó con la cara y las manos _____ (cubierto) de lodo.
7. La revista _____ (escrito) enteramente en español fue muy difícil de leer.
8. No hay nada mejor que una comida española bien _____ (preparado).
9. La carne era buena, pero mal _____ (cocinado).
10. La señora de Gómez era una profesora _____ (estimado) por todos sus alumnos.

F. *Seleccione la forma correcta:*

1. Ellos ya (ha, han) salido.
2. Juan le dio al profesor una composición muy mal (escrito, escrita).
3. Todas las ventanas estaban (abiertos, abiertas).
4. La mesa estaba (cubierto, cubierta) de polvo.
5. ¿Cuál es el (tercer, tercero) día de la semana?
6. El agua de ese vaso está (sucio, sucia).
7. Yo siempre (me pongo, pongo) los guantes antes de salir.
8. Ayer (hay, había) muchos alumnos ausentes.
9. Juan se quitó (su sombrero, el sombrero) en seguida.

10. El señor Valdés (es, está) un hombre rico.
11. Ella es una persona muy (trabajador, trabajadora).
12. Yo (era, estaba) muy enfermo.
13. Empezamos (estudiar, a estudiar) la historia de Europa.
14. ¿(Cuánto tiempo, Cuánto tiempo hace) que usted estudia español?

G. *Conteste estas preguntas:*

1. ¿Están abiertas o cerradas las ventanas de su aula?
2. ¿Puede leer usted más fácilmente los libros escritos en inglés o en español?
3. ¿Ha escrito usted alguna vez cartas en español?
4. ¿Dijo usted que había visto esa película o que no la había visto?
5. ¿Dijo el profesor que había viajado mucho por Europa o por América del Sur?
6. ¿Dónde había cogido Juan todo el dinero que tenía en su cartera?
7. ¿Qué buenas películas ha visto usted últimamente?
8. ¿Ha hecho usted mucho o poco trabajo hoy?
9. ¿Qué prefiere usted, las comidas bien o mal preparadas?
10. ¿Prefiere usted las casas construidas con madera o con ladrillos?
11. ¿Había estudiado usted español antes de empezar este curso?
12. ¿Había salido Juan anoche cuando usted lo llamó?

LECCION 32

70. PASSIVE VOICE (LA VOZ PASIVA): The passive voice in Spanish is formed like the passive voice in English. The verb *to be* (SER) is used as an auxiliary, and to this auxiliary is added the past participle of the main verb. In the passive voice the past participle must agree with the subject in gender and number. The agent is usually expressed by *por*.

Don Pedro *fue muerto* por un ladrón.	Don Pedro *was killed* by a thief.
Las cartas *serán escritas* por María.	The letters *will be written* by Mary.
La ciudad *ha sido rodeada* por el enemigo.	The city *has been surrounded* by the enemy.

a) The passive voice is used much less often in Spanish than in English. Generally it is used only when the agent or doer of the act is clearly involved and expressed. In Spanish, for example, one would rarely say: *"Las lecciones son preparadas diariamente"*. One would say instead, *"Preparan las lecciones diariamente"*. Or the reflexive form might be used: *"Se preparan las lecciones diariamente"*.

b) We have already studied the use of the reflexive form to express the idea of the passive voice. The student should be alert to this usage. The reflexive form is commonly used in this way whenever the agent is not indicated or the subject is an inanimate thing. The verb is singular or plural, according to the subject, which usually follows the verb:

En esa tienda *se venden* periódicos.	Newspapers *are sold* in that store.
Aquí *se habla* español.	Spanish *is spoken* here.

EJERCICIOS

A. *Use la voz pasiva (pretérito):*

1. El escribió el libro. (El libro fue *escrito por* él.)

2. Colón descubrió América en 1492.
3. Juan cerró las ventanas.
4. La ciudad recibió a los visitantes con honores.
5. Construyeron el edificio hace más de cien años.
6. Un buen arquitecto planeó nuestra casa.
7. Hicieron esta silla en Bogotá.
8. El señor Gómez publicó el libro el año pasado.
9. Nos enseñó español la señora de Rodríguez.
10. Todos admiraron al gran artista.

B. *Use la voz pasiva (futuro):*

1. Juan preparará los cuadros.
2. Un nuevo arquitecto hará los planos para el edificio.
3. María y Elena traerán todo lo necesario.
4. Pablo lo pondrá en orden.
5. La secretaria escribirá las carta a máquina.
6. La esposa del señor Alvarez preparará la cena para nosotros.
7. Terminarán la obra en enero.
8. Los artistas estudiarán los cuadros de Velázquez.
9. Siempre admirarán su arte.
10. Usarán este aparato en todas partes.

C. *Use la voz pasiva. (Pretérito perfecto):*

1. Todo el mundo ha admirado mucho a nuestro presidente.
2. Han dicho muchas cosas buenas acerca de él.
3. El enemigo ha destruido el palacio.
4. Han capturado muchos prisioneros.
5. Muchas personas han dicho lo mismo.
6. Han recibido al embajador con honores.
7. Según el periódico, han fusilado últimamente a mucha gente del partido opuesto.
8. Ya han aprobado los planos en el departamento de edificios.

9. Han vendido la casa.
10. Hemos escrito todas las cartas.

D. *Use el futuro y el pretérito perfecto. Siga el modelo:*

1. Fue escrito en español. (a) *Será escrito* en español. (b) *Ha sido escrito* en español.
2. Fueron recibidos con mucho entusiasmo por la población.
3. La comida fue muy mal preparada.
4. El prisionero fue sentenciado a muerte.
5. La ciudad fue destruida completamente por el enemigo.
6. Sus palabras fueron aplaudidas por toda la población.
7. El paquete fue entregado por el cartero.
8. La estatua fue diseñada por un artista famoso.
9. El puente fue construido por una compañía alemana.

E. *Use la forma correcta del participio pasivo de los verbos entre paréntesis:*

1. La ciudad fue _____ (rodear) por el enemigo.
2. Muchas otras ciudades habían sido _____ (capturar) por ellos anteriormente.
3. La mejor composición fue _____ (escribir) por Juan.
4. Ella es una profesora que siempre ha sido _____ (estimar) por sus alumnos.
5. Pocos pintores fueron _____ (recibir) por el rey de la misma manera.
6. Sus primeros cuentos fueron _____ (publicar) en 1914.
7. El siempre será _____ (admirar) por todo el mundo.
8. La señora del presidente fue _____ (atacar) en la calle por un ladrón.
9. La muchacha afirmaba que había sido _____ (visitar) por un ángel.
10. Estos paquetes serán _____ (despachar) en seguida.

F. *Use la forma correcta reflexiva de los verbos entre paréntesis:*

1. _____ (verse) muchas mujeres hoy en día con el cabello corto. (*Se ven* muchas mujeres hoy en día con el cabello corto.)

2. No _____ (venderse) carne en esa tienda.

3. _____ (oírse) diversos idiomas en las calles de Nueva York.

4. _____ (usarse) mucho en español la forma reflexiva.

5. _____ (esperarse) una gran nevada mañana, según el periódico.

6. _____ (comprarse) y _____ (venderse) toda clase de ropa en esas tiendas.

7. No _____ (poderse) engañar a Eduardo tan fácilmente.

8. Por supuesto _____ (comerse) mucho pan en España.

9. También _____ (beberse) mucho vino.

10. _____ (necesitarse) dos personas para conversar.

G. *Conteste estas preguntas:*

1. ¿Se come poco o mucho arroz en China?
2. ¿Qué idioma se habla en Francia?
3. ¿Qué idiomas se hablan en los países suramericanos?
4. ¿Dónde se venden periódicos cerca de aquí?
5. ¿Dónde se venden cigarrillos?
6. ¿Cómo se dice en español "I am hungry"?
7. ¿Cómo se dice en inglés "tengo sed"?
8. ¿Cuántas personas se necesitan para jugar ajedrez?
9. ¿A qué hora se abren las tiendas en su ciudad?
10. ¿A qué hora se cierran?
11. ¿Qué idiomas se enseñan en su escuela?
12. ¿Qué idiomas se hablan en estos países: Brasil, Italia, Canadá, Argentina, Perú, Rusia, Suiza, Noruega?

LECCION 33

71. Formation of the Present Participle (EL GERUNDIO):
The present participle is formed by adding *-ando* to the stem of *-ar*
verbs and *-iendo* to the stems of *-er* and *-ir* verbs:

hablar—hablando	comer—comiendo	vivir—viviendo
tocar—tocando	llover—lloviendo	beber—bebiendo

a) Radical changing verbs of the third conjugation have present
participles which are slightly irregular. (They have the same stem
as the third person plural of the preterite.)

sentir—sintiendo   servir—sirviendo   dormir—durmiendo

b) The present participle of the following verbs must be learned
separately. Note that the slight irregularity in the verbs *caer, creer,
leer,* and *oír* occurs simply because the normal letter *i* of the participle
must change to *y* between two vowels:

poder—pudiendo	creer—creyendo
decir—diciendo	caer—cayendo
ir—yendo	leer—leyendo
venir—viniendo	oír—oyendo

72. Progressive Tenses (LA FORMA DURATIVA): The various forms of the verb *estar* are combined with the present participle
of the main verb to form the so-called progressive tenses. The present
progressive tense is conjugated thus:

estoy hablando	estamos hablando
estás hablando	(estáis hablando)
está hablando	están hablando

a) The present progressive tense is used, as in English, to express an action which is going on at the present moment. (*Estoy
hablando, I am speaking; estás hablando, you are speaking,* etc.)
However it is used less frequently in Spanish than in English. Often
the present progressive tense in English is translated by the Spanish
present indicative. In Spanish the present progressive tense is used

to place emphasis on the fact that the action is presently in progress. Note the difference between the following sentences:

Pedro *está hablando* español con el profesor.	Pedro *is speaking* Spanish with the professor. (Emphasizes the fact that the action is in progress at the present moment).
Pedro *habla* español con el profesor.	Pedro is speaking Spanish with the professor. (Emphasizes how, or with whom, he is speaking).

EJERCICIOS

A. *Continúe la conjugación:*

1. Yo estoy escribiendo. (Tú estás escribiendo. Usted está escribiendo. Etc.)
2. Yo estoy haciendo mi trabajo.
3. Yo estoy leyendo mi composición.
4. Yo estoy explicando la carta a Juan.
5. Yo estoy comiendo ahora.

B. *Use la forma durativa (tiempo presente) de los verbos entre paréntesis:*

1. Juan _____ (escribir) una carta a su amigo.
   (Juan *está escribiendo* una carta a su amigo.)
2. El _____ (acabar) de escribir ahora.
3. No entiendo lo que el profesor _____ (decir).
4. El no _____ (hablar) muy claramente.
5. ¿Quién _____ (servir) la mesa?
6. Juan no _____ (escuchar) lo que dice el profesor.
7. Mire, _____ (empezar) a llover.
8. La niña _____ (cruzar) la calle sola.
9. Yo _____ (leer) un libro muy interesante ahora.
10. ¿Dónde están sus hermanos? Ellos _____ (escuchar) la radio.
11. Elena dice que _____ (llover) mucho.
12. ¿Por qué _____ (vender) usted su casa?

37

C. *Cambie por la forma durativa. En vez de las palabras en letra cursiva use* AHORA *o* EN ESTE MOMENTO. *Siga el modelo:*

1. Antonio habla español con el profesor *todos los días*. (Antonio *está hablando* español con el profesor *ahora*.)
2. Llueve mucho *durante algunos meses*.
3. El escribe una carta a su hermana *todas las noches*.
4. El director come en ese restaurante *todos los días*.
5. *Por regla general*, Rosa prepara bien sus lecciones.
6. Ellos escuchan la radio *todas las noches*.
7. La madre y el niño dan un paseo en el parque *todas las tardes*.
8. *De vez en cuando* ponen atención a las explicaciones del profesor.
9. El viaja *mucho* por la América del Sur y la América Central.
10. Juan toca el piano para sus amigos *muy a menudo*.
11. El toma café *cuatro o cinco veces al día*.
12. María termina su trabajo *a las cinco*.

D. *Cambie la forma durativa por la simple. Añada algunas expresiones, como las del ejercicio C, para completar el significado. Siga el modelo:*

1. Juan está abriendo la ventana de la sala *ahora*. (Juan *abre* la ventana de la sala *todos los días*.)
2. La secretaria está terminando su trabajo *ahora*.
3. Ellas están mirando la televisión.
4. María está comprando un sombrero.
5. Está lloviendo mucho.
6. Los alumnos están jugando pelota en el parque.
7. El cartero está trayendo varias cartas a nuestra casa.
8. Juan está leyendo el periódico en voz alta a sus padres.
9. El teléfono está sonando.
10. Elena está preparando la comida.
11. El niño está aprendiendo a caminar.
12. La orquesta está tocando unas piezas españolas.

E. *Use el gerundio de los verbos entre paréntesis:*

1. El niño está .... (llorar) amargamente.
2. Yo sé que él está .... (decir) la verdad.
3. Ellos están .... (leer) unas revistas mexicanas.
4. Estas revistas son .... (publicar) ahora en los Estados Unidos.
5. Las hojas se están .... (caer) de los árboles.
6. Están .... (traer) la medicina directamente desde Nueva York por avión.
7. La orquesta está .... (omitir) varias partes de la pieza.
8. ¡Silencio! La niña está .... (dormir) profundamente.
9. Ellos se están .... (poner) los sombreros ahora.
10. El mendigo está .... (pedir) limosna en la calle.

F. *Cambie a la forma negativa. Siga el modelo:* (Note bien la diferencia en inglés. La palabra *no* va delante del verbo auxiliar).

1. El está firmando la carta ahora. (El *no* está firmando la carta ahora.)
2. La población de ese país está sufriendo mucha hambre.
3. Yo estoy tomando clases por la mañana ahora.
4. El está repitiendo exactamente las palabras de su madre.
5. Juan ha puesto mucho empeño en su trabajo.
6. El teléfono está sonando.
7. Rosa ha seguido cuidadosamente las direcciones del profesor.
8. La población está votando en las elecciones hoy.
9. Han elegido un nuevo presidente.
10. Ya habían salido.
11. Estoy aprendiendo mucho.
12. Ultimamente hemos tenido que hacer muchos ejercicios.

G. *Conteste estas preguntas:*

1. ¿En qué idioma hablan ustedes con el profesor todos los días?
2. ¿En qué idioma están hablando ustedes ahora?
3. ¿Quién les enseña español?
4. ¿Quién les está enseñando ahora?
5. ¿Lueve mucho o poco en su país durante el mes de abril?
6. ¿Está lloviendo ahora?
7. ¿Suena el teléfono con mucha o poca frecuencia en su casa? ¿Está sonando el teléfono ahora?
8. ¿Qué hace usted los sábados por la tarde?
9. ¿Qué está haciendo usted ahora?
10. ¿Cuántos libros usan ustedes en su clase de español?
11. ¿Qué libro está usando usted en este momento?
12. ¿Fuma usted cigarrillos?
13. ¿Está usted fumando un cigarrillo ahora?

LECCION 34

73. PROGRESSIVE TENSES (LA FORMA DURATIVA)—Continued: The past tense of the verb *estar* is used with the present participle of the main verb to form the past progressive tense.

estaba hablando	estábamos hablando
estabas hablando	(estabais hablando)
estaba hablando	estaban hablando

a) The above form is used, exactly as in English, to describe a past action which was going on or continuing at some particular point in past time.

Cuando yo llegué, Juan *estaba leyendo*.	When I arrived John *was reading*.
Estaba lloviendo, cuando me levanté esta mañana.	*It was raining* when I got up this morning

Note that this past progressive form is equivalent to one of the uses of the past imperfect tense. Thus we may say: *Cuando yo llegué, Juan estaba leyendo* or *Cuando yo llegué, Juan leía*. Both forms are correct but the progressive form stresses the fact that the action was in progress rather than what the action was. In such sentences the progressive form is more commonly used.

b) Other tenses of the verb *estar* may likewise be used with a present participle to express continuous action in the future, in present perfect time, etc.

Si llegamos a las seis, ellos *estarán comiendo*.	If we arrive at six o'clock they *will be eating*.
El *ha estado trabajando* muy bien últimamente.	He *has been working* very well lately.

74. THE PRESENT PARTICIPLE (EL GERUNDIO)—Continued: The present participle in Spanish may also be used, as in English, like an adjective. In all constructions the present participle is invariable in form.

41

| *Leyendo* y *escribiendo*, así pasé el día. | *Reading* and *writing*, thus I spent the day. |
| *Hablando* francamente, a mí no me gusta su actitud. | Frankly *speaking*, I don't like his attitude. |

a) Pronouns used as objects follow a present participle and are attached to it forming a single word. The participle then requires an accent mark (*mirándome; dándomelo,* etc.). In the progressive tenses the object pronoun may either precede the verb or be attached to the present participle. Both forms are used.

| El *me* estaba mirando fijamente. | He was *looking at me* intently. |
| El estaba *mirándome* fijamente. | He was *looking at me* intently. |

EJERCICIOS

A. *Continúe la conjugación:*

1. Yo estaba leyendo. (Tú estabas leyendo. Usted estaba leyendo. Etc.)
2. Yo estaba escribiendo.
3. Yo estaré durmiendo.
4. Yo he estado estudiando.
5. Yo estoy comiendo.
6. Yo había estado comiendo.
7. Yo estaba cantando.
8. Yo estaré trabajando.

B. *Use la forma durativa (tiempo pasado) de los verbos entre paréntesis:*

1. Usted _____ (pasear) por esa calle cuando lo vi. (Usted *estaba paseando* por esa calle cuando lo vi.)
2. Ellos _____ (sentarse) a la mesa cuando entré.
3. ¿Qué _____ (decir) usted esta mañana cuando lo vi hablando con el señor López?
4. Mi hermana _____ (poner) la carta en el sobre cuando yo entré.
5. Los ladrones _____ (buscar) el dinero cuando llegó la policía.
6. A las once de la mañana Juan todavía _____ (dormir) profundamente.

42

7. Cuando usted llegó, él me _____ (decir) algo muy gracioso.

8. Ellos _____ (viajar) por México cuando ella se enfermó.

9. Yo _____ (levantarse) cuando usted llamó por teléfono.

10. Cuando yo llegué a la casa de Eduardo, él _____ (preparar) sus lecciones; su madre _____ (planchar); su padre _____ (leer) el periódico y Elena, su hermana, _____ (tocar) el piano.

C. *Cambie el pretérito imperfecto por la forma durativa:*

1. *Hablaban* en español cuando los vi. (*Estaban hablando* en español cuando los vi.)
2. *Llovía* cuando llegamos.
3. Yo *escribía* una carta cuando mi madre me llamó.
4. El *viajaba* por Francia cuando empezó la guerra.
5. Ellos no *hacían* nada cuando entró el jefe.
6. Juan les *contaba* unos cuantos chistes.
7. Ayer *hablábamos* de Elena cuando ella llamó por teléfono.
8. Mientras *actuaba* en París, contrajo matrimonio con una francesa.
9. Mientras *compraba* unas boberías, me di cuenta de que había perdido mi cartera.
10. Mientras *jugaba* pelota, Eduardo se cayó y se lastimó seriamente.
11. Anoche mientras *estudiaba*, me quedé dormido.
12. *Comíamos* muy tranquilamente cuando llegó su telegrama.

D. *Cambie la forma durativa por el pretérito pluscuamperfecto. En cada caso explique el cambio de significado:*

1. *Estábamos comiendo* cuando llegaron nuestros huéspedes. (*Habíamos comido* cuando llegaron nuestros huéspedes.)
2. Juan *estaba empaquetando* los libros cuando hablé con él.
3. Juan y María *estaban saliendo* cuando llegamos.
4. Eduardo *estaba tocando* el piano para sus amigos.

43

5. *Estaba comprando* un sombrero cuando me encontré ayer con Raquel.

6. *Estaba echando* la carta en el buzón cuando lo vi en la calle.

7. Eduardo *estaba preparando* sus lecciones antes de salir.

8. Me dijo que *estaba progresando* mucho en sus estudios.

9. Juan me explicó lo que *estaba tratando* de hacer.

10. Le dije que se *estaba equivocando*.

E. *Cambie al futuro y al pretérito perfecto las siguientes oraciones. Siga el modelo. Explique el uso de cada tiempo:*

1. Ellos estaban escuchando la radio. (a. Ellos *estarán escuchando* la radio. b. Ellos *han estado escuchando* la radio.)

2. Juan estaba durmiendo.

3. La familia estaba comiendo junta.

4. Los niños estaban jugando en el piso.

5. Su padre estaba leyendo el periódico.

6. Ellos estaban tomando té.

7. El estaba progresando.

8. Estaban hablando en español.

9. Juan estaba contándoles unos chistes.

10. Ella estaba bañándose.

F. *Lea cada oración dos veces, primero, colocando el pronombre antes del verbo, y, segundo, añadiéndolo al gerundio. Siga el modelo:*

1. Juan estaba mirando (a mí) fijamente. (a. Juan *me* estaba mirando fijamente. b. Juan *mirándome* fijamente.)

2. Los alumnos estaban hablando (a él).

3. María estaba diciéndolo (a nosotros).

4. El profesor estaba explicando (a mí) la regla.

5. El estaba enseñando (a ella) la gramática.

6. Yo estaba escribiendo (a ellos) una carta larga.

7. El director estaba haciendo (a mí) varias preguntas.

8. Yo estaba contestando (a él) rápidamente.

9. Juan estaba escuchando (a nosotros).

10. El mendigo estaba pidiendo (a usted) dinero.

11. El estaba haciendo (a ella) una reverencia.
12. No estábamos poniendo (a él) ninguna atención.

G. *Use el pronombre correcto en lugar de las palabras en letra cursiva. Siga el modelo:*

1. Los alumnos están escribiendo *sus composiciones.* (Los alumnos están *escribiéndolas,* o, Los alumnos las están escribiendo.)
2. Yo estaba leyendo *mi libro de historia.*
3. Ella ha estado preparando *la comida* toda la tarde.
4. La secretaria está escribiéndole *la carta* ahora.
5. Los soldados están abandonando *la ciudad.*
6. Estaban poniendo *todas las cosas* juntas.
7. El señor López está fumando *su pipa nueva.*
8. El se está quitando *el sombrero* ahora.
9. Juan está leyendo *su composición* en voz alta.
10. El embajador ha estado recibiendo *visitantes* todo el día.

H. *Conteste las siguientes preguntas:*

1. Cuando usted llegó a la escuela esta mañana, ¿qué estaba haciendo el profesor?
2. ¿Qué estaban haciendo los otros alumnos?
3. ¿Estaba lloviendo cuando usted se levantó esta mañana?
4. ¿Con quién estaba hablando Juan cuando usted lo vio en el pasillo?
5. ¿Cuándo fue usted a casa de Juan por última vez?
6. ¿Qué estaba haciendo su padre? ¿Su madre? ¿Su hermana?
7. Si usted va a casa de Juan mañana por la noche, ¿qué estará haciendo él?
8. ¿Qué estará haciendo su padre? ¿Su madre? ¿Su hermana?
9. Cuando yo le llamé a usted por teléfono anoche, ¿estaba comiendo o ya había comido? ¿Estaba preparando sus lecciones o ya las había preparado?
10. Ahora son las tres de la tarde. ¿Qué está haciendo usted? ¿Qué estaba haciendo ayer por la tarde a las tres? ¿Qué estará haciendo mañana por la tarde a las tres?

LECCION 35

75. PARA: The prepositions *para* and *por*, though distinctive in usage, have the same general meaning as the English *for*. In addition, both *para* and *por* are found in many idiomatic expressions which the student must memorize.

a) *Para* is generally used to express: 1) use, 2) purpose, and 3) destination:

    1) Una taza *para* café.
    2) Este libro es *para* Juan.
    3) Salieron *para* Madrid.

Para is also used to express *in order to:*

    Trabajamos *para* vivir.

b) The following are idiomatic expressions with *para:*

Estoy listo *para* salir. (I am ready *to* leave)
No sirve *para* nada. (It is good *for nothing*)
Estudia *para* médico. (He is studying *to be a doctor*)
Es pequeño *para* su edad. (He is small *for* his age)

76. POR: The preposition *por* is used to express: a) *through,* b) *by,* c) *"per"*:

    a) El ladrón entró *por* la ventana.
    b) Cogí al niño *por* la mano.
    c) Dos veces *por* semana va a casa de su tío.

Por, as explained previously, is also used to indicate the agent in the passive voice.

    América fue descubierta *por* Colón.
    El libro fue escrito *por* él.

a) The following are idiomatic expressions with *por:*

por la mañana (tarde, noche) (*in the morning, afternoon, evening*)
por lo general (*in general*)
por eso (lo tanto, consiguiente) (*therefore, accordingly*)
lo compré *por* un peso (*I bought it for one dollar*)

46

77. VERBS IN -UIR: In the verbs *incluir, huir,* etc., the letter *y* is introduced in the present tense before all endings except those which begin with *i*. In the preterite *i* also becomes *y* between two vowels:

Present tense		Preterite	
incluyo	incluimos	incluí	incluimos
incluyes	(incluís)	incluiste	(incluisteis)
incluye	incluyen	incluyó	incluyeron

(Other verbs conjugated like *incluir* are: *huir, destruir, construir, concluir, contribuir.*)

EJERCICIOS

A. *Continúe la conjugación:*

1. Yo contribuyo con dinero a las obras de caridad.
2. Yo incluyo a Juan entre mis amigos.
3. Yo siempre huyo cuando la veo en la calle.
4. Yo los construyo de material plástico.

B. *Use la forma correspondiente de los verbos entre paréntesis:*

1. Hoy en día los gobiernos .... (construir) muchas casas baratas para los obreros.
2. El ladrón .... (huir) de la policía.
3. Este edificio fue .... (construir) en 1914.
4. Durante la guerra el enemigo .... (destruir) famosas obras de arte.
5. Ayer yo .... (huir) cuando vi a Elena en la calle.
6. Su opinión .... (contribuir) a convencerlos.
7. El muchacho tiró una piedra y .... (huir).
8. El año pasado ellos .... (construir) una hermosa casa de campo.

C. *Cambie al pasado las siguientes oraciones:*

1. Tú contribuyes con mucho dinero para obras de caridad.

47

2. Cada año construyen edificios más altos.
3. No incluyen su nombre en la lista de aspirantes.
4. Huyen siempre que aparece la policía.
5. Las gallinas destruyen todo el jardín.
6. El contribuye con su tiempo, pero no con su dinero.
7. Ella nunca me incluye en la lista de sus invitados.
8. Cuando el señor Alvarez concluye sus discursos, lo aplauden mucho.
9. El senado clausura sus sesiones este mes.
10. Las pájaros destruyen las flores de nuestro jardín.

D. *Llene los espacios con la preposición que corresponda*, POR o PARA:

1. María salió _____ Miami ayer.
2. Yo compré estos libros _____ mi primo.
3. El libro fue escrito _____ el señor Gómez.
4. Tenemos que mandarlos hoy _____ correo aéreo.
5. No tienen ningún libro _____ ese autor.
6. Vamos a salir mañana _____ la mañana.
7. El crimen fue cometido _____ un ladrón.
8. Tengo que comprar una lámpara _____ mi escritorio.
9. Ella va a estudiar _____ enfermera.
10. Río de Janeiro es famoso _____ sus parques.
11. Vamos a ir _____ tren, no _____ avión.
12. Juan, _____ lo general, estudia mucho.
13. Toma _____ lo menos seis tazas de café cada día.
14. Está listo _____ salir en este momento.
15. Camino con frecuencia _____ el parque.
16. Este regalo es _____ ti, no _____ él.

E. *Seleccione la forma correcta:*

1. Compré el libro (por, para) dos dólares.
2. ¿En qué calle (es, está) la librería donde lo compró?
3. Este edificio fue diseñado (por, para) un arquitecto alemán.
4. Cada año (construyen, construyeron) más casas para los obreros.

5. Ellos trabajan cinco días (por, para) semana.
6. Ellos no (ha, han) llegado todavía.
7. Cuando yo llegué, ellos (estaban comiendo, comieron).
8. Mira, (llueve, está lloviendo).
9. Cuando lo llamé por teléfono anoche, Juan (estudió, estaba estudiando).
10. Pagaron mucho dinero (por, para) esa casa.
11. Juan no ha llegado (ya, todavía).
12. María nunca llega a tiempo (también, tampoco).
13. No vi a (alguien, nadie) en la oficina.
14. No le (gusta, gustan) los cuadros de Velázquez.
15. Ella tiene más (de, que) veinte años.

F. *Corrija los errores en las siguientes oraciones:*

1. El artículo fue escrito para una persona desconocida.
2. Los edificios fue construidos hace mucho años.
3. Hace más que tres años que él trabaja allí.
4. Tienen que trabajar cinco días una semana.
5. Fue uno de los presidentes más grande de los Estados Unidos.
6. Juan lo me dijo ayer.
7. Tenemos que ir. Ya es las doce.
8. Se vende periódicos en esa tienda.
9. Enero es el primero mes del año.
10. Siempre van allí la mañana.
11. Esta caja no sirve por nada.
12. Ellos está estudiando ahora en la clase del señor Andino.
13. María y yo comieron juntos anoche.
14. Raquel dice que sus padres llegará mañana.

G. *Conteste las siguientes preguntas:*

1. ¿Tienen ustedes su clase de español por la mañana o por la tarde.
2. Por regla general, ¿qué hace usted el sábado por la noche?
3. ¿Cuántos días por semana tienen ustedes clases con el señor Gómez?
4. ¿Cuántos años hace que fue construida su casa?

5. ¿Por quién fue escrito este libro?
6. ¿Por cuántos años piensa usted estudiar español?
7. ¿Cuánto dinero pagó usted por este libro?
8. ¿Prefiere usted viajar por tren o por avión?
9. ¿Qué es más costoso, viajar por tren o por autobús?
10. ¿Qué cartas llegan antes, las que van por correo ordinario o las que van por correo aéreo?
11. Por lo general, ¿cómo manda usted sus cartas, por correo ordinario o por correo aéreo?
12. ¿Va a estudiar su amigo Juan para médico o para abogado?
13. ¿Por dónde le gusta a usted pasear, por el campo o por la ciudad?
14. ¿Por dónde entró el ladrón, por la ventana o por el sótano?

LECCION 36

78. SPELLING CHANGES IN CERTAIN VERBS: Because Spanish words are pronounced exactly as written, rules of spelling are very exact. The letter *g*, for example is always hard before *a* and *o* (pa*g*a, car*g*o) ; it is always soft before *i* and *e* (re*gi*ón, co*g*er). Such rules sometimes cause changes in the spelling of certain verbs, especially when it is necessary to retain the original sound of the final consonant of the verb stem before the varying vowel endings of different tenses.

a) The verb *pagar* thus becomes *pagué* (instead of pagé) in the first person singular of the preterite. The letter *u* is introduced in order to retain the hard sound of *g* before *e*. Likewise in such words as *sacar* the *c* is changed to *qu* in the first person singular of the preterite (*saqué*) in order to retain the hard sound of *c*.

	Preterite	*Command Form*
pagar	pagué, pagaste, pagó, etc.	pague usted
llegar	llegué, llegaste, llegó, etc.	llegue usted
sacar	saqué, sacaste, sacó, etc.	saque usted
tocar	toqué, tocaste, tocó, etc.	toque usted

b) For the same reason mentioned above, namely, that the letter *g* is hard before *a* and *o* and soft before *i* and *e*, the verb *seguir* becomes *sigo* in the first person singular of the present tense. The *u* is dropped because *g* is always hard before *o* and the *u* is not necessary:

	Present Tense	*Command Form*
seguir	sigo, sigues, sigue, etc.	siga usted
distinguir	distingo, distingues, etc.	distinga usted

c) Again, to maintain the original soft sound of *g* in the verb *coger* and similar words, the *g* is changed to *j* before the letter *o* in the first person singular of the present tense. (Otherwise it would be *cogo*.)

	Present Tense	*Command Form*
coger	cojo, coges, coge, etc.	coja usted
dirigir	dirijo, diriges, dirige, etc.	dirija usted

(Similar verbs are *escoger, recoger, corregir, etc.*)

51

d) Because the letter *z* is seldom used in Spanish before *i* or *e,* the letter *c* being used instead, the original *z* of such words as *empezar, comenzar, alcanzar* changes to *c* in the first person singular of the preterite.

	Preterite	*Command Form*
empezar	empecé, empezaste, empezó, etc.	empiece Ud.

(Note: Remember that all the verbs shown above are completely regular; there are no changes of stem, ending, or pronunciation. The slight spelling changes are made simply to keep the pronunciation consistent. Such spelling changes should present no particular difficulty to the English eye.)

EJERCICIOS

A. *Continúe la conjugación (tiempo presente):*

1. Yo corrijo mis ejercicios. (Tú corriges tus ejercicios. Usted corrige sus ejercicios. Etc.).
2. Yo cojo mis libros.
3. Yo no me distingo como alumno.
4. Yo escojo mis amigos cuidadosamente.
5. Yo dirijo este centro desde hace un año.
6. Yo sigo el mismo camino todos los días.

B. *Continúe la conjugación (pretérito):*

1. Yo saqué buenas notas el mes pasado.
2. Yo pagué dos dólares por mi corbata.
3. Yo llegué tarde a la escuela.
4. Yo empecé a estudiar español el año pasado.
5. Yo busqué mi libro de historia por todas partes.
6. Yo cogí un resfriado caminando en la lluvia.

C. *Use la forma correcta del tiempo presente de los verbos entre paréntesis:*

1. Eduardo siempre _____ (escoger) corbatas bonitas.
2. ¿Quién _____ (dirigir) esta escuela?

3. Los alumnos .... (corregir) sus propios errores.
4. Los pájaros .... (protegerse) contra el frío del invierno, volando al sur.
5. Yo siempre .... (sacar) buenas notas en mis exámenes.
6. Yo siempre .... (corregir) mis composiciones antes de entregárselas al profesor.
7. El no .... (distinguir) la verdad de la mentira.
8. Ellos .... (recoger) mucho dinero para la Cruz Roja.
9. El capitán .... (dirigir) el barco hacia el muelle.
10. Yo siempre .... (recoger) mis cosas y las pongo en orden antes de salir.
11. Ellos .... (coger) muchas naranjas de esos árboles.
12. A veces yo .... (seguir) ese camino yendo a la escuela.

D. *Cambie al pasado (pretérito) las siguientes oraciones:*

1. Yo empiezo a trabajar a las nueve.
2. Ellos llegan a la clase a tiempo.
3. Tú tocas bien el piano.
4. El sigue hablando hora tras hora.
5. Juan saca muy buenas fotografías con su nueva cámara.
6. Yo saco muy malas fotografías con mi cámara.
7. El profesor corrige nuestras composiciones.
8. Cogen muchas manzanas allí en el mes de septiembre.
9. Yo pesco en un lago no muy lejos de mi casa.
10. Yo pago mis cuentas a tiempo.
11. Yo toco el timbre antes de entrar.
12. Antonio toca bien el violín.
13. Yo distingo muy bien los colores.
14. Yo padezco de reumatismo.

E. *Repita el ejercicio anterior cambiándolo al futuro:* (1. Yo *empezaré* a trabajar a las nueve.)

F. *Seleccione la forma correcta:*

1. Anoche yo (llegé, llegué) tarde a la fiesta.
2. Yo (empezé, empecé) a estudiar en esta clase hace dos meses.
3. Cuando yo era estudiante siempre (sacé, saqué) buenas notas.
4. El otro día me caí de la escalera y me (disloqé, disloqué) un hueso.
5. No me (gusta, gustan) mucho el arroz con pollo.
6. Siempre van a la ciudad (por, para) el mismo camino.
7. Los dos hermanos siempre (se levantan, levantan) a la misma hora.
8. Cuando los vi en la calle, (hablaron, estaban hablando) con Elena.
9. Yo (tradusco, traduzco) muchas cartas escritas en español.
10. Mi amigo siguió (hablar, hablando) durante dos horas.
11. Escuchándolo, yo (cansé, me cansé) mucho.
12. Escuche, creo que el teléfono (suena, está sonando).
13. Siempre yo (escojo, escogo) mis amigos con cuidado.
14. El año pasado yo (pagé, pagué) cincuenta pesos por este traje.

G. *Conteste las siguientes preguntas:*

1. Por regla general, ¿saca usted buenas o malas notas en español?
2. ¿Qué notas sacó usted el mes pasado?
3. ¿Cuánto pagó usted por este libro?
4. ¿Cuánto pagó por su traje? ¿Sus zapatos? ¿Su sombrero?
5. ¿Piensa usted seguir estudiando español después de este curso o va a dejar de estudiarlo?
6. ¿En qué mes del año se cogen manzanas de los árboles?
7. ¿En qué mes se cogen naranjas? ¿Toronjas?
8. ¿Quién corrige las composiciones que ustedes escriben?
9. ¿Corrije usted a veces las composiciones de sus compañeros de clase?
10. ¿Llegó usted a la escuela esta mañana tarde o temprano?

11. ¿A qué hora llegó usted a la escuela?
12. ¿Cuándo empezó usted a estudiar español?
13. ¿A qué hora almorzó usted ayer?
14. ¿Quién se acercó a usted en la calle para pedirle una limosna?

LECCION 37

79. POSSESSIVE ADJECTIVES—Continued: The possessive adjectives *mi, tu, su, nuestro*, etc., studied previously, are really shortened forms of the following:

mío(a)	míos(as)	nuestro(a)	nuestros(as)
tuyo(a)	tuyos(as)	vuestro(a)	vuestros(as)
suyo(a)	suyos(as)	suyos(as)	suyos(as)

a) Whereas the forms *mi, tu, su, nuestro*, etc., always precede the noun they modify (*mi* tío, *tu* amigo, etc.), the above forms are used after the noun

1. They are slightly more emphatic and carry the same meaning as the English *of mine, of yours*, etc.:

> Un tío *mío* (An uncle *of mine*)
> Un amigo *tuyo* (A friend *of yours*)
> Una amiga *nuestra* (A friend *of ours*)

2. After the verb *to be*, they are always used:

No son *míos*.	They are *not mine*.
Este es *suyo*.	This is *yours*.

80. POSSESSIVE PRONOUNS: The same possessive adjectives mentioned above (*mío, tuyo, suyo*, etc.) are used together with the corresponding article *el, la, los, las* to form possessive pronouns: *el mío, la mía* (mine); *el tuyo, la tuya* (yours); *el suyo, la suya* (his, hers, theirs), etc.

Este lápiz es mejor que *el mío*.	This pencil is better than *mine*.
Sus amigas son más fieles que *las mías*.	Your friends are more faithful than *mine*.
Mis libros están aquí. ¿Dónde están *los suyos*?	My books are here. Where are *yours*?

a) Since *suyo* has several meannig (his, her, its, your, their, etc.), ambiguity is avoided when necessary by using the definite article with *de él, de ella, de Ud., de ellos*, etc.

| Tengo la dirección *de él;* no tengo *la de ella.* | I have *his* address; I don't have *hers.* |
| Me gustan más los zapatos *de usted* que *los de él.* | I like *your* shoes better than *his.* |

81. THE NEUTER ARTICLE: The pronouns *mío, tuyo, suyo,* etc., preceded by the neuter article *lo,* are used to express some abstract form or idea (*lo tuyo, lo suyo,* etc.). Note that the neuter article *lo* is also used with adjectives to express similar abstractions.

| No puede separar *lo suyo* de *lo mío.* | He can't separate *yours* from *mine.* |
| Nunca distingue *lo bueno* de *lo malo.* | He never distinguishes *good* from *bad.* |

EJERCICIOS

A. *Use el adjetivo posesivo en lugar de las palabras en letra cursiva:*
1. Este libro es *mi libro.* (Este libro es *mío.*)
2. Esta casa es *nuestra casa.*
3. Estos lápices son *sus lápices.*
4. Esta pluma no es *mi pluma.*
5. Estos juguetes son *sus juguetes.*
6. No son *mis juguetes.*
7. Este reloj es *tu reloj.*
8. Este grabado es *mi grabado.*
9. No es *su grabado.*
10. Esta chaqueta nueva es *mi chaqueta.*

B. *Cambie al plural las palabras en letra cursiva:*
1. *Este libro* es mío. (*Estos libros* son míos.)
2. *Aquel lápiz* es suyo.
3. *Mi pluma* es roja.
4. *Este cuarto* es mío.
5. *Este periódico* es nuestro.
6. Es *un tío* mío.
7. *Aquel reloj* es de oro.
8. *Esta pluma* es mía.
9. *Esta composición* es suya.

10. *Aquella muñeca* es suya.
11. *Esta casa* es nuestra.
12. *Ese lápiz* es el tuyo.

C. *En las siguientes oraciones exprese la misma idea usando el verbo* SER *en vez del verbo* PERTENECER. *Siga el modelo:*

1. Esta pluma me pertenece a mí. (Esta pluma es mía.)
2. Esos grabados le pertenecen a ella.
3. Estos no nos pertenecen a nosotros.
4. Ese automóvil le pertenece al padre de Juan.
5. ¿A quién pertenece este abrigo?
6. Estas llaves le pertenecen a ella.
7. No me pertenecen a mí.
8. Creo que le pertenecen al profesor.
9. ¿A quién pertenece ese abrigo de pieles?
10. Le pertenece a Elena.
11. Sé bien que no me pertenece a mí.
12. ¿Está segura que no le pertenece a usted?

D. *Use el pronombre posesivo en lugar de las palabras en cursiva:*

1. El quiere usar *mi libro*. (El quiere usar *el mío*.)
2. El dice que no le gusta *nuestra casa*.
3. Aquí están los libros de Juan y *mis libros*.
4. ¿Dónde están *nuestros libros?*
5. ¿Quiere usted leer *mi libro?*
6. El profesor lee *nuestras composiciones*.
7. Me pone nervioso cuando lee *mi composición*.
8. ¿Ha leído ya *tu composición?*
9. El cuarto de mi hermano y *mi cuarto* son idénticos.
10. Ellos tienen que hacer *sus cosas* y entonces yo haré *mis cosas*.
11. El tiene que respetar *nuestros derechos*.
12. Nunca respeta *mis derechos*.

E. *Use el artículo correspondiente:*

1. Los libros de Juan y .... de ella están aquí. ¿Dónde están .... de usted?
2. Aquí está el abrigo de María; ¿pero dónde está .... de Elena?
3. Mi libro y .... de Juan son parecidos.
4. A mí me gusta el sombrero de Elena; pero no .... de ella.
5. Nuestra casa es nueva; pero .... de ellos es vieja.
6. Mi hermano y .... de ella son buenos amigos.
7. Mi hermana y .... de ella son buenas amigas.
8. Nuestras primas y .... de Arturo se conocen bien.
9. No se siente a esa mesa; siéntese a .... de ellos.

F. *Use el artículo neutro* LO. *Al mismo tiempo estudie las varias expresiones con* LO *usadas en el ejercicio y haga oraciones originales con ellas:*

1. .... mejor es tener dinero.
2. .... menos que puedo hacer es escribirle.
3. .... peor es que habla sin cesar.
4. Venga .... más pronto posible.
5. .... útil de su trabajo se nota en su producción.
6. Cada uno tiene que llevar .... suyo.
7. .... mío y .... tuyo son cosas diferentes.
8. Tiene que aprender a distinguir .... suyo de .... nuestro.
9. .... raro del caso es que llegó a tiempo.
10. .... cierto es que no se libra de esos impuestos.
11. Para mí, ... mío es .... más importante.
12. Para ella .... importante es, naturalmente, ... suyo.

G. *Conteste las siguientes preguntas:*

1. ¿De quién es este libro? ¿Es suyo o es de Juan?
2. ¿De quién es esa pluma verde?
3. ¿Qué prefiere usted, el clima de Nueva York o el de un lugar tropical como Puerto Rico?

4. ¿Cuáles son mejores, las composiciones suyas o las de su amigo?
5. ¿Cuál de las plumas es más cara, la suya o la mía?
6. ¿Es su pronunciación en español mejor o peor que la de los otros alumnos?
7. ¿Son suyos estos guantes o son de ella?
8. ¿De quién es ese cuaderno negro?
9. ¿Es este lápiz suyo o mío?
10. ¿Qué lapicero escribe mejor, el suyo o el mío?
11. ¿Qué silla es más cómoda, ésta o la suya?
12. ¿Qué sillas son más cómodas, las de su aula o las de su casa?

LECCION 38

82. CONDITIONAL FORM (EL POTENCIAL): The conditional is similar in its formation to the future tense in that the entire infinitive is used as the stem. To this stem is added the endings *ía, ías, ía, íamos, íais, ían.* (Compare with formation of the future tense.)

hablaría	hablaríamos
hablarías	(hablaríais)
hablaría	hablarían

(English equivalent: I would talk, you would talk, he would talk, etc.)

The conditional is used like its equivalent in English:

1. It is used together with the subjunctive mood in true conditional sentences. (*Si yo fuera usted, no le hablaría.*—If I were you, I wouldn't talk to him.) We shall study this use of the conditional later when we study subjunctive forms.

2. The conditional is also used in indirect discourse. Thus, if the main verb of a sentence is in the past tense, the second verb, denoting future action in the past, is put into the conditional:

Juan dice que hablará con ella.	John says he will talk with her.
Juan dijo que *hablaría* con ella.	John *said* he *would talk* with her.
Ella escribe que lo traerá pronto.	She writes that she will bring it soon.
Ella *escribió* que lo *traería* pronto.	She *wrote* that she *would bring* it soon.

3. The conditional, like the future, can be used idiomatically in Spanish to express probability. While the future is used to express probability in present time, the conditional expresses it in past time. Remember that this is an idiomatic usage with no equivalent in English.

Ella *estará* en casa.	(She *is probably* at home.)
¿Qué hora es? *Será* la una.	(What time is it. *It must be about* one o'clock.)
Ella *estaría* en casa.	(She *was probaly* at home.)
Sería la una cuando llegó.	(*It must have been about* one o'clock when he arrived.)

61

83. IRREGULAR VERBS IN THE CONDITIONAL: Note that the same verbs which were irregular in future time are irregular in the conditional. Note also that the irregularities are identical.

haber—*habría*, etc.	salir—*saldría*, etc.	decir—*diría*, etc.
poder—*podría*, etc.	tener—*tendría*, etc.	hacer—*haría*, etc.
saber—*sabría*, etc.	valer—*valdría*, etc.	querer—*querría*, etc.
caber—*cabría*, etc.	venir—*vendría*, etc.	poner—*pondría*, etc.

EJERCICIOS

A. *Continúe la conjugación:*

1. Yo le hablaría. (Tú le hablarías. Usted le hablaría. Etc.)
2. Yo lo haría.
3. Yo lo traería.
4. Yo vendría.
5. Yo los visitaría.
6. Yo no iría allí.
7. Yo se lo daría.
8. Yo esperaría aquí.

B. *Use la forma correcta del potencial de los verbos entre paréntesis:*

1. El repitió que no _____ (ir) conmigo.
2. Le dije claramente que no lo _____ (hacer).
3. Me dijeron que _____ (llegar) a las nueve.
4. Le advertí que no _____ (poder) hacerlo.
5. El dijo que lo _____ (comprar).
6. ¿Cuándo pensaba usted que ella _____ (salir)?
7. Mi padre dijo que me _____ (conseguir) un perro.
8. Yo no me imaginé que lo _____ (hacer).
9. Eduardo dijo que _____ (tener) el dinero hoy.
10. Dijeron que les _____ (gustar) tener una casa como la nuestra.
11. Les prometí solemnemente que les _____ (visitar).
12. El dijo que no _____ (poder) vivir sin ella.

C. *Cambie al pasado las siguientes oraciones:*

1. El dice que lo hará. (El *dijo* que lo *haría.*)
2. El periódico dice que lloverá.
3. El cree que llegará temprano.
4. Dicen que lo traerán con ellos.
5. Eduardo repite que tendrá mucho tiempo para hacerlo.
6. Yo le prometo a usted que iré.
7. Me dicen que comprarán un automóvil nuevo en junio.
8. El dice que un automóvil será muy útil en su negocio.
9. Juan dice que sacará buenas notas en su próximo examen.
10. El niño dice que cumplirá ocho años mañana.
11. Dicen que vendrán temprano.
12. Dice que nos encontrará en esta esquina.

D. *Cambie al futuro y al potencial las siguientes oraciones:*

1. El tiene más suerte que yo. (a. El *tendrá* más suerte que yo. b. El *tendría* más suerte que yo.)
2. El llega a tiempo.
3. Raquel viene conmigo.
4. Compro muchos libros.
5. Hay muchos alumnos ausentes.
6. Pongo mis libros sobre la mesa.
7. Le digo la verdad.
8. El lo hace bien.
9. Salen a las ocho.
10. El sabe su lección.
11. Ella recibe muchos regalos.
12. Ustedes tienen que seguir este mismo camino.

E. *En las siguientes oraciones dé el futuro y el potencial de probabilidad:*

1. Ella está enferma.
2. Son las dos.
3. Tiene más de diez años.
4. Es la una.
5. Están bien.

6. Le ayudan mucho.
7. Viene a tiempo.
8. El está en su oficina.
9. Es muy simpático.
10. Tiene mucho dinero.

F. *Seleccione la forma correcta:*

1. El me dijo que lo (traerá, traería) ayer.
2. Ayer, por primera vez, yo (llegé, llegué) tarde a la escuela.
3. ¿Le gusta a usted más el sombrero de Juan o (la, el, aquél) de Eduardo?
4. (Se vende, Se venden) naranjas y uvas en esa tienda.
5. Esa composición fue (escrito, escrita) por María.
6. La señora de López ha (escrito, escrita) muchos poemas famosos.
7. Mire, (empieza, está empezando) a nevar.
8. Cuando llegamos, ellos (comieron, estaban comiendo).
9. La madre de Juan nos dijo que él (era, estaba) enfermo.
10. (¿Hace cuántos años, Cuántos años hace) que usted estutudia español?
11. (¿Ha usted conocido, Ha conocido usted) a Juan durante mucho tiempo?
12. Ha empezado (llover, a llover).
13. Los niños deben (lavar, lavarse) las manos antes de comer.
14. ¿Por qué no se quita usted (su chaqueta, la chaqueta)?

G. *Conteste las siguientes preguntas:*

1. ¿Dijo el profesor que les daría un examen mañana o pasado mañana?
2. ¿A qué hora le dijo su amigo que llegaría?
3. ¿Cuándo dijo ella que entregarían el paquete?
4. ¿Dijo Juan que lo haría hoy o mañana?
5. ¿Qué preferiría usted, ir de vacaciones al Canadá o a la Florida?
6. ¿Qué preferiría usted, viajar por Europa o por Suramérica?

7. ¿Le gustaría a usted hablar español perfectamente?
8. ¿Qué preferiría usted hacer esta noche, ir al cine o quedarse en casa?
9. Juan y yo vamos al cine esta noche. ¿Le gustaría ir con nosotros?
10. ¿Dijo María que iría o que no iría con nosotros?
11. ¿Dijo el periódico ayer que llovería o que haría buen tiempo?
12. ¿A qué hora dijo su amigo que vendría?

LECCION 39

84. SUBJUNCTIVE FORM (EL SUBJUNTIVO): The stem of the present tense of the subjunctive mood of all regular verbs and of most irregular verbs is derived from the *first person singular, present tense, of the indicative.* (This formation is thus the same as that of the command form, already studied.) For verbs ending in *ar* the subjunctive endings are *e, es, e, emos, éis, a, amos, áis, an.*

hablar	*comer*	*vivir*
hable	coma	viva
hables	comas	vivas
hable	coma	viva
hablemos	comamos	vivamos
(habléis)	(comáis)	(viváis)
hablen	coman	vivan

The present subjunctive of these verbs is irregular and must be learned separately:

dar—*dé, des, dé, demos, (deis), den*
estar—*esté, estés, esté, estemos, (estéis), estén*
ir—*vaya, vayas, vaya, vayamos, (vayáis), vayan*
saber—*sepa, sepas, sepa, sepamos, (sepáis), sepan*
ser—*sea, seas, sea, seamos, (seáis), sean*

85. USES OF THE SUBJUNCTIVE: The subjunctive mood, which has only limited use in English, is used extensively in Spanish. Its most common use is in noun clauses introduced by the conjunction *que.* As the word *subjunctive* itself suggests (from the Latin *subjungere*), the subjunctive always depends upon another verb and denotes, not a fact, but a wish, an uncertainty, an expression of emotion, etc.

The first use of the subjunctive which we shall study is that following verbs of wish or command, when the principal and subordinate verbs have different subjects. (If there is only one subject, then an infinitive is used.)

Yo deseo que Juan *vaya* inmediatamente.	I want John *to go* immediately.
María quiere que usted *espere* aquí.	Mary wants you *to wait* here.
(But) Yo deseo *ir* inmediatamente.	I want *to go* immediately.
María quiere *esperar* aquí.	Mary wants *to wait* here.

(Note: The English student may grasp the idea of the subjunctive more easily if he recalls that in English the subjunctive is still similarly used after such verbs as *insist, demand, wish,* etc. One says: John insists that she *wait* (not *waits*). Henry demands that she *be* (not *is*) there. Helen wishes that her sister *were* (not *is*) here. These are pure subjunctive uses, similar to Spanish.)

EJERCICIOS

A. *Continúe la conjugación:*

1. Quieren *que yo estudie.* (Quieren *que tú estudies.* Quieren *que usted estudie.* Quieren *que él estudie.* Etc.)
2. Desea *que yo lo haga.*
3. Ella quiere *que yo venga.*
4. Insisten *que yo espere.*
5. Quieren *que yo se lo diga.*
6. Piden *que yo vaya.*
7. Se prohibe *que yo entre.*
8. Exigen *que yo firme* el contrato hoy.

B. *Use la forma correspondiente de los verbos entre paréntesis:*

1. Ellos insisten en que ustedes _____ (estudiar) literatura.
2. Deseo que ellos _____ (volver) en seguida.
3. Nos suplican que _____ (pasar) unos días con ellos.
4. Dígales que _____ (esperar) en mi oficina.
5. El gobierno prohibe que ellos _____ (ir) a México a causa de la epidemia.
6. El profesor permite que nosotros _____ (hablar) inglés fuera de la clase.

7. Deseo que él no _____ (perder) tiempo.
8. Ellos prefieren que nosotros _____ (venir) más tarde.
9. El departamento de inmigración exige que ellos _____ (salir) del país inmediatamente.
10. El me ha aconsejado que _____ (empezar) a estudiar alemán.
11. El quiere que su hijo _____ (ser) médico.
12. El profesor insiste en que nosotros _____ (escribir) una composición todos los días.

C. *Cambie el infinitivo por el subjuntivo, usando* USTED *como sujeto de la cláusula sustantiva. Siga el modelo:*

1. Yo quiero *hacer* el trabajo hoy. (Yo quiero que *usted haga* el trabajo hoy.)
2. Yo deseo *ir allí* en seguida.
3. Ellos quieren *venir* temprano.
4. El profesor quiere *hacer* un viaje a México.
5. Yo prefiero *salir* temprano.
6. Yo insisto en *esperar* aquí.
7. Yo no quiero *perder* tanto tiempo.
8. Quieren *hacerlo* hoy.
9. Su padre quiere *ser* abogado.
10. El desea *decir* la verdad.
11. Insisten en *traerlo* mañana.

D. *Repita el ejercicio C, usando en cada oración* USTEDES *en lugar de* USTED *como sujeto de la cláusula sustantiva:*
(1. Yo quiero que ustedes hagan el trabajo hoy.)

E. *Complete las siguientes oraciones, formando oraciones originales con el sustantivo:*

1. Yo quiero que Juan _____.
2. El padre desea que su hijo _____.
3. Ellos esperan que nosotros _____.
4. El profesor insiste en que los alumnos _____.
5. Dígales que _____.

6. El gobierno exige que todo el mundo _____.
7. Quieren que yo _____.
8. El pide que yo _____.
9. Yo prefiero que usted _____.
10. Le suplico a usted que _____.
11. Desean que sus hijos _____.
12. El profesor quiere que yo _____.

F. *Seleccione la forma correcta:*

1. Exigen que no (perdemos, perdamos) tiempo este mes.
2. Yo quiero que usted (viene, venga) conmigo.
3. Los padres no quieren que el niño (sale, salga) con este tiempo.
4. El profesor insiste en que (leamos, leemos) cincuenta páginas cada día.
5. Dígales que nos (esperan, esperen) en la esquina.
6. Le pido que me (ayude, ayuda) con este ejercicio.
7. Quieren que (traen, traigan) más mercancía.
8. Nos escriben que (volvamos, volvemos) en seguida.
9. Insisto en que me (dice, diga) la verdad del asunto.
10. Exigen que (mandemos, mandamos) el dinero hoy.
11. El desea que su hijo (es, sea) una persona decente.
12. Prefieren que (lleguemos, llegamos) temprano.

G. *Conteste las siguientes preguntas:*

1. ¿Por qué quiere el profesor que ustedes hablen solamente español en la clase?
2. ¿Les manda él que escriban composiciones a menudo?
3. ¿Por qué insisten los padres de Juan en que él prepare sus lecciones mejor?
4. ¿Quieren ellos que Juan estudie para médico o para abogado?
5. ¿Por qué quiere usted que yo vea esa película?
6. ¿Por qué exige el gobierno que cada extranjero tenga un pasaporte?
7. ¿Es cierto que el gobierno prohibe que los extranjeros que vienen aquí como estudiantes trabajen?

8. ¿Quién prefiere usted que lo acompañe al cine esta noche, Elena o María?

9. ¿Por qué les dice el profesor a los alumnos que no hagan tanto ruido?

10. ¿Insiste él a veces en que pongan más atención a la lección?

11. ¿Con qué frecuencia les exige que traigan ejercicios es-escritos?

LECCION 40

86. USES OF THE SUBJUNCTIVE—Continued: a) The subjunctive is also used after verbs of emotion (*sentir, alegrarse, lamentar, temer, extrañarse, sorprenderse*, etc.). Remember here again, however, and with all subsequent uses of the subjunctive, that the verb in the subjunctive must have a subject of its own; if there is only one subject in the sentence then the infinitive is used.

> Yo siento mucho que ella *esté* enferma hoy.
> El tiene miedo de que ella *diga* la verdad.
> Me alegro de que *vengas* a verme.

b) The subjunctive is also used after certain impersonal phrases expressing necessity, opinion, etc. (*es necesario que, es imposible que, es bueno que, es importante que*, etc.)

> *Es importante que* usted *vaya* hoy.
> *No es probable que vengan* por avión.

c) It is used after expressions that indicate doubt or uncertainty in the mind of the speaker (*dudo que, niego que, no creo que*, etc.).

> *Dudo que haya* otra como ella.
> *No creo que tengan* mucho dinero.

Note that, in this last usage, if no doubt is expressed and a mere statement of fact is made, then the indicative is used:

> Creo que *tienen* mucho dinero.
> No hay duda de que lo *hará* pronto.

87. PRESENT PERFECT SUBJUNCTIVE: The present perfect subjunctive is formed from the present subjunctive of *haber* and the past participle of the main verb:

haya hablado	hayamos hablado
hayas hablado	(hayáis hablado)
haya hablado	hayan hablado

The present perfect subjunctive has limited usage but is used occasionally instead of the present subjunctive to express present

71

perfect time, that is, to indicate an action that took place at an indefinite point in the past time.

> Yo siento mucho que *hayan salido* (have left).
> Es posible que yo *haya perdido* (have lost) mi libro.

EJERCICIOS

A. *Use la forma correcta del modo subjuntivo de los verbos entre paréntesis:*

1. Me extraña mucho que ellos no _____ (hablar) español mejor.
2. Tememos que él no _____ (venir).
3. Siento que usted _____ (estar) enfermo.
4. ¿Se alegra usted que ellos _____ (marcharse)?
5. ¿Le sorprende a usted que ella _____ (ser) tan joven?
6. Lamento que Juan no _____ (poder) ir con nosotros.
7. Sentimos mucho que usted no _____ (ir) tampoco.
8. El teme que alguien lo _____ (reconocer).
9. Me sorprende mucho que él _____ (saber) tanta gramática.
10. Me alegro que el día _____ (estar) tan agradable.
11. Siento mucho que Ricardo no _____ (sentirse) bien.
12. ¿Le sorprende a usted que mi hijo _____ (ser) tan alto?

B. *Use la forma correcta del modo subjuntivo de los verbos entre paréntesis:*

1. Es muy importante que usted _____ (aprender) estas reglas.
2. Es dudoso que ellos _____ (llegar) hoy.
3. Es necesario que Juan _____ (ir) allí en seguida.
4. Es una lástima que ella no _____ (saber) español.
5. Es preciso que todos _____ (estar) aquí a las ocho en punto.

72

6. Es justo que nosotros le _____ (dar) toda la ayuda posible.

7. No es menester que ustedes _____ (traducir) la página entera.

8. Es importante que yo _____ (ir) a comprar ese libro hoy.

9. Es imposible que todo el mundo _____ (hacer) lo mismo.

10. Es mejor que ellos _____ (estudiar) español en lugar de francés.

11. Más vale que ustedes _____ (ir) a México y no al Canadá.

12. Es probable que él _____ (llegar) pronto.

C. Use la forma correcta del modo subjuntivo de los verbos entre paréntesis:

1. No creemos que él _____ (hacer) esto hoy.
2. Yo dudo que Juan _____ (venir) a la fiesta.
3. El niega que ellos _____ (salir) hoy.
4. Dudamos que ellos _____ (proponer) hacer tal cosa.
5. No creo que él _____ (hablar) español bien.
6. Dudo que él los _____ (comprar).
7. ¿Cree usted que yo _____ (poder) llegar allí antes de las nueve?
8. No señor, no creo que usted _____ (poder).
9. Yo dudo que nosotros _____ (tener) tiempo para hacerlo hoy.
10. No creo que _____ (haber) tantos libros allí.

D. Cambie el infinitivo por el subjuntivo, introduciendo JUAN como sujeto de la cláusula sustantiva. Siga el modelo:

1. Es importante *hacer* el trabajo hoy. (Es importante que *Juan haga* el trabajo hoy.)
2. Me alegra *poder* hacerlo tan pronto.
3. Yo siento mucho *estar* enfermo hoy.
4. El teme *decírselo* al profesor.

5. Me sorprende *llegar* a tiempo.
6. Me extraña *saber* eso.
7. Temo *entrar* allí.
8. Es preciso *contestar* la carta hoy.
9. Es mejor *esperar* unas horas.
10. Es imposible *ir* allí sin invitación.
11. Es importante *comprar* los libros en esa tienda.
12. Espero *hacerlo* pronto.

E. *Repita el ejercicio anterior, usando como sujeto* JUAN Y SU HERMANO: (1. Es importante que *Juan y su hermano hagan el trabajo hoy.*)

F. *Use el pretérito perfecto del subjuntivo de los verbos entre paréntesis:*

1. Siento mucho que ellos _____ (salir) del país.
   (Siento mucho que ellos *hayan salido* del país.)
2. Es probable que ustedes _____ (leer) pocos libros en español.
3. Es lástima que usted no _____ (coger) una clase mejor.
4. Es dudoso que él _____ (visitar) ese país.
5. Siento que usted no _____ (ver) esa película.
6. Es posible que ellos _____ (perderse).
7. Temen que el barco _____ (hundirse).
8. Es probable que el capitán lo _____ (dirigir) a otro puerto.
9. Me alegro que ellos _____ (terminar) su viaje.
10. Siento mucho que usted _____ (estar) enfermo.

G. *Conteste las siguientes preguntas:*

1. ¿Es importante que los alumnos hablen solamente español en la clase?
2. ¿Por qué dice usted que es lástima que Juan no venga a la clase con más regularidad?
3. ¿Por qué dice el profesor que es preciso que ustedes lean algunos pasajes del *Quijote*?

4. ¿Por qué dice él que es necesario que lean el libro dos o tres veces para poder apreciarlo?

5. ¿Se alegra el profesor de que ahora ustedes sepan tanta gramática española?

6. ¿Es posible o imposible que usted haga ese trabajo hoy?

7. ¿Cree usted que Juan haya puesto bastante.; sellos en el sobre?

8. ¿Por qué duda usted que esta carta llegue a Caracas el lúnes?

9. ¿Por qué se alegran tanto los estudiantes de que el profesor esté ausente hoy?

10. ¿Por qué no cree usted que María vaya a sacar buenas notas este semestre?

11. ¿Por qué duda usted de que Elena hable bien español después de estudiar sólo dos años?

12. ¿Cree usted que es preciso que las personas digan siempre la verdad?

LECCION 41

88. THE SUBJUNCTIVE IN ADVERBIAL CLAUSES: The subjunctive is used in adverbial clauses introduced by certain conjunctions expressing a) *future condition or event,* b) *purpose or result,* c) *concession or supposition.* The principal conjunctions used in this way are:

a) cuando, antes de que, hasta que, tan pronto como, mientras
b) para que, a fin de que, de manera que, sin que
c) aunque, a menos que, con tal que

Yo le preguntaré *cuando* él venga.	I will ask him *when* he comes.
Iremos *tan pronto como* llegue Juan.	We will go *as soon as* John arrives.
Le doy este libro *para que* lo lea.	I am giving you this book *so that* you can read it.
Iremos al campo mañana, *a menos que* haga mal tiempo.	We will go to the country tomorrow *unless* the weather is bad.

Note that all these conjunctions generally express future time or a hypothetical (subjunctive) situation. If a definite situation or an accomplished fact is indicated, then the indicative is used. (Felipe era muy joven *cuando subió al trono.* Salimos *tan pronto como llegó Juan.*)

89. THE SUBJUNCTIVE IN ADJECTIVE CLAUSES: The subjunctive is used in adjective clauses in which the relative pronoun (*que*) has *a negative antecedent* or an antecedent representing an *indefinite or unknown person or thing.*

No hay *nadie* aquí que sepa español.
No hay *ningún* libro que sirva.

Necesito un hombre (*any man; as yet an indefinite and unknown person*) que *sepa* arreglar máquinas.
Buscan una secretaria que *hable* español.

(But) Por fin han encontrado una secretaria (*a definite, known person*) que *hable* español.

76

EJERCICIOS

A. *Use el modo subjuntivo de los verbos entre paréntesis:*

1. Salen para México tan pronto como _____ (recibir) sus pasaportes.
2. Dígales que salgan cuando _____ (querer).
3. Le digo esto para que nunca lo _____ (olvidar).
4. Vamos a la playa mañana a menos que _____ (llover).
5. Le pediré el dinero en cuanto _____ (volver).
6. Dice que lo hará tan pronto como _____ (tener) tiempo.
7. Tenemos que llamar a Elena antes de que ella _____ (salir).
8. No voy a comprarlo aunque _____ (tener) bastante dinero.
9. Iré allí cuando ellos lo _____ (necesitar).
10. Hágame el favor de no salir hasta que yo _____ (regresar).
11. Podrán entender bien el subjuntivo con tal que lo _____ _____ (estudiar) con cuidado.
12. El director quiere verlo a usted antes de que él _____ (salir).
13. No iré a menos que usted también _____ (ir).
14. Dice que nos llamará aunque _____ (ser) muy tarde.
15. Saldrán por avión sin que nadie lo _____ (saber).

B. *Use el modo subjuntivo de los verbos entre paréntesis:*

1. No hay país alguno que _____ (tener) paisaje más hermoso.
2. Buscamos para director un hombre que _____ (estar) bien preparado.
3. ¿Hay alguien en la escuela que _____ (poder) hacer el trabajo?

4. No hay nadie que _____ (conocer) la historia de ese asunto mejor que él.
5. Necesitan un hombre que _____ (ser) capaz de llevar cosas pesadas.
6. Tenemos que encontrar una casa que _____ (dar) al Parque Central.
7. No hay nadie que _____ (ser) más servicial que Juan.
8. Yo quiero un libro que me _____ (dar) una explicación más clara de la gramática.
9. ¿Hay alguien que me _____ (poder) decir dónde se encuentra tal libro?
10. Necesitan en su oficina una muchacha que _____ (escribir) bien a máquina.

C. *Complete las siguientes oraciones, usando el modo subjuntivo.*

1. Yo lo haré tan pronto como _____.
2. No se lo diga a Juan hasta que _____.
3. Iremos al teatro esta noche a menos que _____.
4. No hay nadie en la clase que _____.
5. Yo esperaré aquí hasta que _____.
6. Aprenderé español aunque _____.
7. Van a visitar a muchos amigos mientras _____.
8. Quieren que su hijo vaya a la universidad para que _____.
9. No hay ningún libro que _____.
10. Están buscando por todas partes una cocinera que _____ _____.
11. Usted debe leer el *Quijote* cuando _____.
12. Le aconsejo que examine bien el traje antes de que _____.

D. REPASO — *Use el modo subjuntivo de los verbos entre paréntesis:*

1. Tememos que Juan se lo _____ (decir) al profesor.
2. Es importante que ellos _____ (venir) a la reunión.

3. Yo dudo mucho que él lo _____ (saber).
4. Llámeme en cuanto Juan _____ (llegar).
5. Yo no creo que ellos _____ (hablar) español perfectamente.
6. Dígale eso para que lo _____ (entender) bien.
7. Es imposible que ellos _____ (hacer) eso.
8. Nos alegramos de que usted _____ (sentirse) mejor.
9. El insiste en que Juan _____ (vivir) con ellos.
10. Yo siento muho que su hermano _____ (estar) enfermo.
11. Me extraña mucho que él _____ (ser) tan descuidado en sus estudios.
12. El no quiere que yo le _____ (decir) a Elena nuestros planes.

E. *Cambie el infinitivo por el subjuntivo, introduciendo MA-RIA como sujeto de la cláusula subordinada:*

1. El quiere *ir* allí hoy. (El quiere que *María vaya* allí hoy.)
2. Yo siento *estar* tan cansado.
3. Temen *abrirla*.
4. No importa *salir* mañana.
5. Es preciso *hacerlo* hoy.
6. No me gusta *tener* que trabajar con tanta rapidez.
7. Lo haré antes de *salir*.
8. Escribiré la carta después de *volver*.
9. Quieren *decir* la verdad.
10. Prefiero *esperar* aquí.
11. La madre quiere *ser* enfermera.
12. Me alegro de *poder* ir con ustedes a Caracas.

F. *Repita el ejercicio E introduciendo como sujeto MARIA Y SU HERMANA* (1. El quiere que *María y su hermana vayan* allí hoy.)

G. *Conteste las siguientes preguntas:*

1. ¿Hay alguien en la clase de usted que entienda perfectamente la gramática española?

79

2. ¿Por qué están buscando en la oficina de su escuela una mecanógrafa que sepa bien español?
3. ¿Seguirá usted estudiando español hasta que lo sepa bien, o va a dejar de estudiarlo después de este curso?
4. ¿Saldrá usted de la escuela hoy tan pronto como termine sus clases, o se quedará un rato para hablar con sus amigos?
5. ¿Cree usted que entenderá bien la gramática al fin del curso si practica bien todos estos ejercicios?
6. ¿Quiere usted leer libros en español cuando sepa mejor el idioma?
7. ¿Se aburre usted a veces en su clase, aunque el profesor sea muy bueno?
8. ¿Por qué dice el profesor que no hay nadie que pueda aprender a hablar bien un idioma extranjero en un año?
9. ¿Preparará usted sus lecciones esta noche en cuanto llegue a su casa, o esperará hasta más tarde?
10. ¿Por qué busca Juan a alguien que pueda darle clases particulares de conversación?
11. ¿No hay ningún profesor en la escuela que tenga tiempo libre?
12. ¿Dónde podemos esperar hasta que el profesor esté dispuesto a recibirnos?

LECCION 42

90. IMPERFECT SUBJUNCTIVE: The imperfect subjunctive has two forms, obtained by adding two different sets of endings to the stem of the third person plural of the preterite. The endings for all verbs in *ar* are as follows: *ara, aras, ara, áramos, (arais,) aran,* or also: *ase, ases, ase, ásemos (aseis), asen.* The endings for verbs in *er* and *ir* are as follows: *iera, ieras, iera, iéramos, (ierais,) ieran* or also: *iese, ieses, iese, iésemos, (ieseis,) iesen.* Either set of endings may be used in subordinate clauses depending upon the preference of the speaker. The formation of this tense is the same for all verbs, both regular and irregular. There are no exceptions.

Preterite (3rd pers. plural)	*Imperfect Subjunctive*		
hablaron	hablara	hablaras	hablara
	hablase	hablases	hablase
	habláramos	(hablarais)	hablaran
	hablásemos	(hablaseis)	hablasen
comieron	comiera	comieras	comiera
	comiese	comieses	comiese
	comiéramos	(comierais)	comieran
	comiésemos	(comieseis)	comiesen
tuvieron	tuviera	tuvieras	tuviera
	tuviese	tuvieses	tuviese
	tuviéramos	(tuvierais)	tuvieran
	tuviésemos	(tuvieseis)	tuviesen

91. USE OF IMPERFECT SUBJUNCTIVE: The imperfect subjunctive is used in the same way as the present subjunctive, namely, after verbs of emotion and desire, impersonal expressions, certain conjunctions, negative antecedents, etc. However, whereas the pre-

81

sent subjunctive is used when the principal verb of the sentence is in the present (or future) tense, the imperfect subjunctive is used whenever the principal verb is in the past time (the preterite, the imperfect, or the conditional).

Fue necesario que él *tomara* parte en la reunión.	It was necessary that he *take part* in the meeting.
Insistieron en que Juan *comiera* con ellos.	They insisted that John *eat* with them.
Temíamos que ella no *llegara* a tiempo.	We were afraid that she might not *arrive* on time.

EJERCICIOS

A. *Continúe la conjugación:*

1. Querían *que yo lo hiciera*. (Querían *que tú lo hicieras*. Querían *que usted lo hiciera*. Etc.)
2. Insistió en *que yo fuera*.
3. Fue preciso *que yo los acompañara*.
4. Dudaban *que yo estuviese allí*.
5. Me dijeron *que lo comprara*.
6. Exigieron *que yo esperase*.
7. Querían *que yo me quedase* con ellos.

B. *Use la forma correcta del imperfecto del modo subjuntivo de los verbos entre paréntesis:*

1. Ellos dudaban que él _____ (llegar) a ser presidente.
2. No había nadie que _____ (saber) pintar como él.
3. El insistió en que yo _____ (traer) dos maletas y un baúl.
4. Era dudoso que Juan lo _____ (hacer).
5. No querían que su hijo _____ (ser) comerciante.
6. Querían que _____ (estudiar) medicina.
7. Fue una lástima que usted no _____ (ir) al teatro anoche con nosotros.
8. Temían que el tren no _____ (llegar) a tiempo.
9. No estaba seguro de que él _____ (poder) comunicarse con nosotros.

82

10. Era preciso que ella .... (decir) la verdad.
11. El profesor me pidió que .... (poner) sus libros sobre su mesa.
12. Le dije a Juan que .... (cambiar) su curso.
14. Se enfermó antes de que yo .... (llegar).

C. *Use la forma correcta del modo subjuntivo (presente o imperfecto):*

1. Era necesario que yo lo .... (conservar) bien.
2. El quiere que yo .... (ir) con él a la misma universidad.
3. María insistió en que yo .... (ir) con ella al cine.
4. El gobierno exigía que todos los barcos .... (detenerse) para inspeccionarlos.
5. El profesor no permite que nosotros .... (hablar).
6. Por esa razón, él le dijo a Juan ayer que .... (salir) de la clase.
7. Siento mucho que su madre no .... (poder) pasar la noche con nosotros.
8. Yo sentí mucho que su madre .... (estar) enferma.
9. No me importa que Elena no .... (venir) a la fiesta.
10. No me importaba que .... (hacer) tanto frío.
11. Dudo que ellos lo .... (conocer).
12. Dudábamos que el señor López .... (aceptar) el puesto.

D. *Cambie el verbo principal al pasado (pretérito o imperfecto) y haga los cambios necesarios:*

1. El profesor no *permite* que nos quitemos las chaquetas. (El profesor no *permitió* que nos quitáramos las chaquetas.)
2. Queremos que ella haga ese viaje.
3. Yo me alegro que él vaya con nosotros.
4. Siento que él esté ausente.

5. Es importante que lleguen a tiempo.
6. Temo que usted se canse mucho.
7. Su madre insiste en que ella descanse más.
8. Mi madre insiste en que yo me abrigue bien antes de salir.
9. Es probable que lleguen pronto.
10. Ya es tiempo de que ellos lean algunos libros en español.
11. Yo quiero que cuando estén en México visiten a algunos amigos míos.
12. La policía exige que todo el mundo cumpla las leyes de tráfico.

E. *Cambie el verbo principal por el presente y el futuro. Siga el modelo:*

1. *Prohibieron* que entráramos allí. (a. *Prohíben* que entremos allí. b. *Prohibirán* que entremos allí.)
2. Era necesario que ella viniera en seguida.
3. El profesor le dijo que no lo hiciera.
4. El dudó que tuviese bastante dinero.
5. Insistieron en que yo fuera a pie.
6. Ellos sentían mucho que estuviésemos tan enfermos.
7. Me alegraba que Eduardo pudiese acompañarnos.
8. Insistieron en que cada pasajero enseñara todos sus papeles.
9. Su madre le dijo a Juan que se pusiera una chaqueta más gruesa.

F. *Seleccione la forma correcta:*

1. Yo dudaba que el banco le (preste, prestara) tal cantidad de dinero.
2. Le prohibió que (venga, viniera) con tanta frecuencia.
3. El profesor insiste en que (leamos, leyéramos) diez páginas cada día.
4. Ayer nos dijo también que (preparemos, preparáramos) una composición en español.
5. Yo le pido que me (ayude, ayudara) con este trabajo.
6. El propósito de esta ley es que no (cometan, cometiesen) más estafas.

7. Me sorprendió mucho que Eduardo (hable, hablara) alemán con tanta facilidad.

8. El quiere que (traigan, trajeran) más mercancía.

9. Me pidieron que (traiga, trajera) algunos discos para la fiesta.

10. El tendrá que ir a la escuela aunque no le (guste, gustara).

11. Me telefonearon que (venga, viniera) a casa en seguida.

12. Yo saldré cuando (tenga, tuviera) dinero.

G. *Conteste las siguientes preguntas:*

1. ¿Por qué ordenó el profesor a Juan que saliera de la clase?

2. ¿Por qué pidió él que los alumnos no hicieran tanto ruido en la clase?

3. ¿A quién le pidió usted que lo acompañara al cine anoche?

4. ¿Por qué le telefonearon a Eduardo que viniera en seguida a casa?

5. ¿Quién le pidió a usted que trajera unos discos a la fiesta anoche?

6. ¿Por qué le sorprende a su padre que María hable español tan bien?

7. ¿Se alegraron sus padres de que usted sacase notas tan buenas en su último examen?

8. ¿Por qué era necesario que usted llegara temprano a la escuela esta semana?

9. ¿Por qué insistió el director de la escuela en que ciertos alumnos fueran a su oficina para hablar con él?

10. ¿Cuánto tiempo quería el padre de Ernesto que él pasara en México?

11. ¿Por qué insistió la madre de usted en que se abrigara bien esta mañana?

12. ¿Por cuánto tiempo dijo el médico que guardara cama su hermana?

LECCION 43

92. THE SUBJUNCTIVE WITH OJALA: The subjunctive is used after *ojalá* to express wish or hope.

Ojalá *que él venga* temprano.	I hope or wish *that he comes* early.
Ojalá *pudiera* yo bailar bien.	I wish *that I could* dance well.

93. USE OF QUISIERA: The imperfect subjunctive of *querer* (*quisiera*) is often used as a softened statement or polite request. *Pudiera* is similarly used.

El *quisiera* hablar con usted.	He *would like* to talk with you.
Quisiera que él me acompañara.	I *would like* him to accompany me.
¿*Pudiera* usted ayudarme?	*Could you* help me?

94. REVIEW OF USES OF THE SUBJUNCTIVE: The following is a summary of the several uses, already studied, of the subjunctive mood in Spanish. The subjunctive is used:

a) After verbs of wish or command (*querer, desear, insistir*, etc.)

> *Quiero* que él *vaya* en seguida.
> *Insistieron* en que yo los *acompañara*.

b) After verbs of emotion (*alegrarse, sentir, extrañarse, temer*, etc.)

> Me *alegro* mucho que ella se *sienta* mejor.
> *Temieron* que él *dijera* la verdad.

c) After certain impersonal expressions (*es necesario que, es imposible que, es probable que*, etc.)

> *Es probable que* él no *venga*.
> *Fue importante que* lo *dejáramos* allí.

86

d) After expressions of doubt or uncertainty

> *Dudo* que él lo *haga hoy.*
> *Yo no creía* que él se *quedara* allí.

e) After certain conjunctions expressing future condition or result, purpose, concession, etc. (*cuando, hasta que, para que, aunque, a menos que,* etc.)

> Se lo diré *cuando* él *venga.*
> Lo dije *para que* ella me *enseñara* la carta.

f) In adjective clauses where the relative pronoun *que* has a negative or an indefinite antecedent

> No hay *nadie que toque* el piano como él.
> Necesitan a *alguien que pueda* cuidar al niño.

EJERCICIOS

A. *Use la forma correcta del modo subjuntivo de los verbos entre paréntesis:*

1. Ojalá que Juan _____ (llegar) a tiempo.
2. Ojalá que ellas _____ (venir).
3. Ojalá que María no le _____ (decir) a Elena nada del asunto.
4. Ojalá que yo _____ (aprobar) todos mis exámenes.
5. Ojalá que el tiempo mañana _____ (ser) bueno.
6. Ojalá que no _____ (hacer) frío.
7. Ojalá que no _____ (llover).
8. Ojalá que yo _____ (tener) bastante dinero para hacer el viaje.

B. *Cambie el infinitivo por el subjuntivo, introduciendo* USTED *como sujeto de la cláusula sustantiva:*

1. Yo quisiera *llegar* temprano. (Yo quisiera que *usted llegara* temprano.)
2. Yo quisiera *comprar* algunos libros nuevos.
3. El quisiera *acompañarlos.*
4. El profesor quisiera *esperar* en su oficina.
5. Yo quisiera *hacerlo* para ella.

6. Ellos quisieran *venir* más tarde.
7. Yo quisiera *ir* a México con ellos.
8. Su padre quisiera *ser* médico.
9. Yo quisiera *ser* más económico.
10. Yo quisiera *tener* más tiempo para estudiar.

C. *Use la forma subjuntiva de los verbos entre paréntesis:*

1. Mi madre insistió en que yo _____ (acostarme).
2. El médico le dijo que _____ (pasar) más tiempo al aire libre.
3. Vamos a persuadirle que nos _____ (acompañar).
4. El me rogó que lo _____ (acompañar) al teatro.
5. Es posible que ellos no le _____ (hacer) caso a ella.
6. Yo no creo que él _____ (estar) de vuelta todavía.
7. No hay nadie que _____ (acordarse) de lo ocurrido.
8. Es una lástima que usted no lo _____ (conocer).
9. Lástima que usted no lo _____ (conocer) anoche.
10. Ojalá que él _____ (ir) directamente al pueblo.
11. Insisto en que usted no se lo _____ (decir) a Juan.
12. No había nadie que nos _____ (ayudar).
13. Mi padre me pidió que _____ (estudiar) un poco más.
14. El negó que yo _____ (estar) allí.
15. Era probable que él _____ (tener) miedo.
16. Me alegro de que ella no _____ (saber) nada de nuestro problema.
17. Mandaré el paquete tan pronto como _____ (estar) listo.
18. Iré a verlos cuando ustedes _____ (establecerse) allí.

D. *Cambie el verbo principal al pasado (pretérito o imperfecto):*

1. *Es* necesario que Juan esté aquí. (*Fue* necesario que Juan estuviera aquí.)

2. Yo quiero que usted lo acepte.
3. Le digo que lo venda en seguida.
4. Quieren que todos vengamos.
5. Es probable que él deje de estudiar en nuestra clase.
6. Es una lástima que ella no sea más alta.
7. Yo insisto en que Eduardo lo haga hoy.
8. Le digo que traiga bastante dinero para acompañarlos.
9. Es posible que haya muchos alumnos enfermos.
10. Quieren que yo cambie de clase.
11. Es necesario que ellos practiquen estos ejercicios todos los días.
12. No hay nadie que cante como María.

E. *Repita el ejercicio D cambiando el verbo principal al futuro:* (1. Será necesario que Juan esté aquí.)

F. *Complete las siguientes oraciones, formando oraciones originales usando el modo subjuntivo:*

1. El insistió en que Juan _____.
2. Ojalá que María _____.
3. Yo quisiera que el profesor _____.
4. Es necesario que todos los alumnos _____.
5. Me rogaron que _____.
6. El gobierno exige que _____.
7. María me pidió que _____.
8. No me importaba que Elena _____.
9. Yo dudo que ella _____.
10. Me extraña mucho que el señor Gómez _____.
11. Ella no irá a menos que usted _____.
12. Esperaré aquí hasta que _____.

G. *Conteste estas preguntas:*

1. ¿Quisiera usted pasar sus próximas vacaciones en Caracas?
2. ¿Por qué quisiera usted hablar español perfectamente?
3. ¿Por qué quisieran los padres de Juan que él estudiara en una universidad americana?

4. ¿Por qué no quiere usted ir solo al cine? ¿Prefiere que Eduardo vaya con usted?

5. ¿Quisiera usted que Elena los acompañara también?

6. ¿En qué país quisiera usted estar en este momento?

7. ¿Cuando usted termine este libro, seguirá estudiando gramática o dejará de estudiarla?

8. ¿Por qué dice Juan que entiende bien ahora la gramática, pero quisiera poder usarla en su conversación?

9. ¿Le gustaría tener muchos amigos españoles para poder conversar con ellos?

10. ¿Le gustaría entender las películas en español tan bien como en inglés?

LECCION 44

95. CONDITIONAL SENTENCES: A conditional sentence is a sentence consisting of two clauses, a dependent clause beginning with *if* and a main clause or answer to the *if* clause.

Si Juan viene, traerá los discos. *If John comes, he will bring the records.*

a) Conditional sentences are of three classes: 1. *Future-possible* conditions. 2. *Present-unreal* conditions. 3. *Past-unreal* conditions.

1) A *future-possible* condition is one which indicates a simple future action which may or may not take place. This type of condition offers no difficulty. In Spanish, as in English, the present tense is used in the *if* clause, and the future tense is used in the main or answer clause.

> Si Juan *viene, traerá* los discos.
> Si *tengo* tiempo mañana, *iré* a la playa.

2) A *present-unreal* condition is one which indicates some unreal or contrary-to-fact situation. In such conditions in Spanish the imperfect subjunctive is used in the *if* clause and the conditional is used in the main clause.

Si Juan *tuviera* un automóvil, *pasaría* sus vacaciones en el campo.	If John *had* an automobile, he *would spend* his vacations in the country.
Si María *supiera* nadar, *iría* a la playa todos los días.	If Mary *knew* how to swim, she *would go* to the beach every day.

Note, as mentioned above, that in these sentences there is indicated a hypothetical situation which is "unreal" or contrary-to-fact. Thus

> Juan no tiene un automóvil; pero—
> Si él *tuviera* uno, *pasaría* sus vacaciones en el campo.

> María no sabe nadar; pero—
> Si *supiera* nadar, *iría* a la playa todos los días.

3 *Past-unreal* conditions. To be discussed in the following lesson.

91

EJERCICIOS

A. *En estas oraciones condicionales (future-possible) use la forma apropiada de los verbos entre paréntesis:*

1. Si Juan _____ (venir), nos ayudará.
2. Si _____ (llover) mañana, no iremos a la playa.
3. Si yo _____ (tener) tiempo, escribiré varias cartas esta noche.
4. Si ellos _____ (conseguir) permiso, se quedarán allí más de un mes.
5. Si ella _____ (preparar) sus lecciones todos los días, sacará buenas notas.
6. Si yo _____ (ver) a Juan mañana, hablaremos del asunto.
7. Si él _____ (tener) vacaciones el verano que viene, hará un viaje a México.
8. Si ellos lo _____ (hacer), yo lo haré también.

B. *En estas oraciones condicionales (present-unreal) use la forma apropiada de los verbos entre paréntesis:*

1. Si Juan _____ (estar) aquí ahora, nos ayudaría.
2. Si yo _____ (tener) más tiempo, iría con usted al campo.
3. Si él _____ (decir) la verdad con más frecuencia, le creeríamos.
4. Si ellos _____ (hacer) eso, no podrían vivir aquí.
5. Si yo _____ (ser) usted, dejaría de asistir a esa clase.
6. Si yo _____ (estar) en su lugar, no le volvería a hablar.
7. Si ella _____ (saber) francés bien, podría obtener un buen empleo como traductora.
8. Si nosotros _____ (ser) más ricos, compraríamos una casa.
9. Si él _____ (hacer) sus tareas, sacaría mejores notas.

10. Si yo la ＿＿＿＿ (conocer) bien, se la presentaría a usted.

11. Si él ＿＿＿＿ (poder) asistir a sus clases con regularidad, adelantaría más.

12. Si yo ＿＿＿＿ (tener) dinero compraría un automóvil.

C. *Use la forma apropiada de los verbos entre paréntesis:*

1. Si yo tuviera más tiempo, ＿＿＿＿ (empezar) a estudiar otro idioma.

2. Si hoy fuera un día de fiesta, ¿a dónde ＿＿＿＿ (ir) ustedes?

3. Si Juan no estuviera enfermo, ＿＿＿＿ (venir) a verme.

4. Si yo pudiera ayudarles, lo ＿＿＿＿ (hacer) con mucho gusto.

5. Si él tuviera más práctica en conversación, ＿＿＿＿ (hablar) el español.

6. Si yo pudiera pasar seis meses en México, estoy seguro que ＿＿＿＿ (poder) aprender a hablar español bien.

7. Si yo supiera nadar, ＿＿＿＿ (ir) a la playa con más frecuencia.

8. Si él trabajara más, ＿＿＿＿ (tener) más éxito.

9. Si yo no tuviera que trabajar mañana, ＿＿＿＿ (ir) con ustedes a la playa.

10. Si usted se acostara más temprano, ＿＿＿＿ (sentirse) menos cansado.

11. Si hiciera buen tiempo hoy, ＿＿＿＿ (poder) jugar tenis.

12. Si yo pudiera tocar el piano tan bien como usted, lo ＿＿＿＿ ＿＿＿＿ (tocar) todas las noches.

D. *Cambie las siguientes oraciones condicionales contrarias a la verdad (present-unreal). Siga el modelo:*

1. Si él tiene tiempo, irá allí. (Si él *tuviera* tiempo, *iría* allí.)

2. Si hace frío, nos quedaremos en casa.

3. Si tengo deseos, iré al cine.
4. Si María estudia bien, sacará buenas notas.
5. Si yo tengo bastante tiempo, leeré varios libros en español.
6. Si usted va allí, verá a Elena.
7. Si tenemos más práctica, hablaremos mejor.
8. Si tengo el día libre mañana, iré al teatro.
9. Si él trabaja tanto todos los días, se enfermará.
10. Si él llega a tiempo, nos lo explicará todo.

E. *Complete las siguientes oraciones, usando oraciones condicionales contrarias a la verdad (present-unreal). Siga el modelo:*

1. Juan no sabe español bien; pero si él ＿＿＿＿＿ (Juan no sabe español bien; pero si él *lo supiera bien, podría obtener un buen empleo.*)
2. María no prepara sus lecciones bien; pero si ella ＿＿＿.
3. Guillermo nunca llega a la escuela a tiempo; pero si. él

   ＿＿＿＿＿.

4. Ellos tienen muy poca práctica en conversación; pero si ellos ＿＿＿＿.
5. Elena no está aquí ahora; pero si ella ＿＿＿＿.
6. Yo no conozco al señor López bien; pero si yo ＿＿＿＿.
7. El tiene muy poco tiempo libre; pero si él ＿＿＿＿.
8. Tienen muy poco dinero; pero si ellos ＿＿＿＿.
9. Yo no puedo hablar español bien; pero si yo ＿＿＿＿.
10. Hoy no es un día de fiesta, pero si ＿＿＿＿.
11. No estoy en Caracas ahora; pero si yo ＿＿＿＿.
12. A mí no me gusta nadar; pero si a mí ＿＿＿＿.

F. *Complete las siguientes oraciones, formando oraciones condicionales originales:*

1. Si Guillermo estuviera aquí, él ＿＿＿＿.
2. Daríamos un paseo por el parque si ＿＿＿＿.
3. Si hoy fuera domingo, nosotros ＿＿＿＿.
4. Si los impuestos fueran menos altos, yo ＿＿＿＿.
5. Si los conociera bien, yo ＿＿＿＿.
6. Si yo tuviera su confianza, ＿＿＿＿.

7. Si yo pudiera tener dos horas de conversación todos los días, yo _____.
8. Si hiciera buen tiempo hoy, nosotros _____.
9. Si el niño fuera más fuerte, él _____.
10. Si lo que él dice fuera verdad, yo _____.

G. *Conteste las siguientes preguntas:*

1. ¿Se sentiría usted feliz si pudiera hablar español perfectamente?
2. ¿Hablaría usted mejor si tuviera más práctica en conversación?
3. ¿Qué libros de español leería usted si conociera bien el idioma?
4. Si estuviera en un país de habla española, ¿qué es lo primero que usted haría?
5. Si tuviera usted más tiempo libre, ¿iría usted al cine todas las noches?
6. Si tuviera un automóvil, ¿dónde iría usted este domingo?
7. Si usted supiera español bien, ¿empezaría a estudiar otro idioma?
8. Si no tuviera que trabajar o estudiar, ¿qué haría en su tiempo libre?
9. Si hoy fuera un día de fiesta, ¿a dónde iría usted y qué haría?
10. Si hubiera más alumnos en su clase de español, ¿tendría usted más o menos oportunidades de hablar?
11. Si usted fuera millonario, ¿cómo pasaría su tiempo y cómo gastaría su dinero?
12. Si usted pudiera visitar cualquier parte del mundo, ¿qué país preferiría visitar?

LECCION 45

96. CONDITIONAL SENTENCES—Continued: The third and last type of condition is the *past-unreal* condition. Like the present-unreal condition, the past-unreal condition also indicates an unreal or contrary-to-fact situation, but in past time. In such conditions the past perfect subjunctive is used in the *if* clause, and the perfect conditional is used in the main or answer clause.

Si Juan *hubiera* tenido un automóvil el mes pasado, *habría pasado* sus vacaciones en el campo.	If John *had had* an automobile last month, *he would have spent* his vacation in the country.
Si María *hubiera sabido* nadar el verano pasado, *habría ido* a la playa.	If Mary *had known* how to swim last summer, *she would have gone* to the beach.

Note here again, as in present-unreal conditions, that there is indicated a hypothetical situation which is unreal or contrary-to-fact. Thus

> Juan no tenía un automóvil el mes pasado; pero—
> Si él *hubiera tenido* uno, *habría pasado* sus vacaciones en el campo.

> María no sabía nadar el verano pasado; pero—
> Si ella *hubiera sabido* nadar, *habría ido* a la playa todos los días.

97. FORMATION OF THE PAST PERFECT SUBJUNCTIVE: The past perfect subjunctive, which is used mainly only in past-unreal conditions, is formed from the past subjunctive of *haber* (either the *ra* or the *se* form may be used) and the past participle of the main verb.

hubiera hablado	hubiéramos hablado
hubieras hablado	(hubierais hablado)
hubiera hablado	hubieran hablado

English equivalent: (if) I had talked, (if) you had talked, etc.

98. FORMATION OF THE PERFECT CONDITIONAL: The perfect conditional, which is also used almost exclusively in past-unreal conditions, stated or implied, is formed from the present conditional of *haber* and the past participle.

habría comido	habríamos comido
habrías comido	(habríais comido)
habría comido	habrían comido

English equivalent: I would have eaten, you would have eaten, etc.

EJERCICIOS

A. *Continúe la conjugación:*

1. (Si) yo hubiera sabido. (Si tú hubieras sabido. Si usted hubiera sabido. Etc.)
2. (Si) yo hubiera venido.
3. (Si) yo hubiera hecho.
4. (Si) yo hubiera escrito.
5. (Si) yo hubiera traído.
6. (Si) yo hubiera ido.

B. *Continúe la conjugación:*

1. Yo habría esperado. (Tú habrías esperado. Usted habría esperado. Etc.)
2. Yo habría comido.
3. Yo habría ayudado.
4. Yo habría enviado.
5. Yo habría creído.

C. *En las siguientes oraciones condicionales (past-unreal) use la forma apropiada de los verbos entre paréntesis:*

1. Si yo _____ (saber) su nombre, se lo habría presentado a usted.
2. Si él _____ (venir) a tiempo, yo habría hablado con él.
3. Si Juan _____ (tener) un carro el verano pasado, habría ido al Canadá.

4. Si yo _____ (tener) su número de teléfono, lo habría llamado anoche.

5. Si él _____ (esperar) unos minutos más, me habría visto.

6. Si ellos _____ (ser) más ricos, habrían mandado a su hijo a la universidad.

7. Si yo _____ (levantarse) temprano, no habría llegado tarde a la escuela.

8. Si María _____ (estudiar) más, habría aprobado el curso.

9. Si ayer _____ (ser) día de fiesta, habríamos ido a la playa.

10. Si ella _____ (saber) nadar, no se habría ahogado.

D. *Use la forma apropiada de los verbos entre paréntesis:*

1. Si hubiera estado en su lugar, yo no _____ (decir) nada.

2. Si hubiera tenido más tiempo, yo _____ (iría) con ustedes al teatro anoche.

3. Si hubieran nacido en España, ellos _____ (tener) que huir durante la revolución.

4. Si se hubiera acostado más temprano, el _____ (poder) levantarse con más facilidad.

5. Si usted hubiera contestado mis cartas, yo le _____ (escribir) con más frecuencia.

6. Si él hubiera nacido en China, _____ (aprender) a hablar chino desde niño.

7. Si hubiéramos tenido más lecciones, _____ (hacer) más progreso.

8. Si hubiera venido a la escuela en autobús yo no _____ (llegar) tarde.

9. Si hubiera sabido que íbamos a tener un examen hoy, yo no _____ (venir) a la escuela.

10. Si ayer hubiera sido domingo, nosotros _____ (ir) a la iglesia.

E. *Complete las siguientes oraciones, usando oraciones condicionales, contrarias a la verdad, en el pasado (past-unreal). Siga el modelo:*

1. Juan no tuvo tiempo ayer; pero si él _____ (Juan no tuvo tiempo ayer; pero si él *hubiera tenido tiempo, habría ido a la playa con nosotros.*)
2. Yo no sabía su número de teléfono; pero si yo _____.
3. No estuve en su puesto; pero si yo _____.
4. No me llamó por teléfono; pero si él _____.
5. Inglaterra no estaba preparada para la guerra; pero si _____.
6. No sabía nada de eso; pero si yo _____.
7. No me invitaron a la fiesta; pero si ellos _____.
8. Hizo muy mal tiempo ayer; pero si el tiempo _____.
9. María no me dijo nada; pero si ella _____.
10. Llovió mucho anoche; pero si no _____.

F. *Cambie las siguientes oraciones por oraciones condicionales, contrarias a la verdad, primero al presente (present-unreal), y, segundo, al pasado (past-unreal). Siga el modelo:*

1. Si él tiene tiempo irá allí. (a. Si él tuviera tiempo, iría allí. b. Si él hubiera tenido tiempo, habría ido allí.)
2. Si él viene, yo hablaré con él.
3. Si hace buen tiempo, iremos a la playa.
4. Si tengo dinero, haré un viaje a Panamá.
5. Si veo a María, le daré su mensaje.
6. Si él va, nos lo informará.
7. Si llueve, nos quedaremos en casa.
8. Si yo puedo comunicarme con él, le diré la verdad.
9. Si Juan está presente, la reunión será interesante.
10. Si él estudia más, será el mejor de su clase.

G. *Complete las siguientes oraciones:*

1. Si yo estuviera en su lugar, yo _____.
2. Si yo hubiera estado en su lugar, yo _____.
3. Si María supiera hablar español bien, ella _____.

4. Si hoy fuera domingo, yo _____.
5. Anoche, si yo hubiera sabido donde vivía usted, yo _____ _____.
6. Si Juan no hubiera llamado por teléfono anoche, yo _____.
7. Si yo fuera el profesor de esta clase, yo _____.
8. Ayer, cuando los alumnos estaban haciendo tanto ruido, si yo hubiera sido el profesor, yo _____.
9. Si yo tuviera un millón de dólares, yo _____.
10. Si hace buen tiempo mañana, yo _____.
11. Si yo hubiera tenido más tiempo para prepararme para el examen, yo _____.
12. Si Juan hubiera sabido manejar bien su automóvil, él _____.

H. *Complete las siguientes oraciones de dos maneras distintas, primero, usando una cláusula condicional y, segundo, usando* PERO *y una cláusula en el indicativo. Siga el modelo:*

1. Yo lo habría llamado _____. (a. Yo lo habría llamado *si hubiera tenido su número de teléfono.* b. Yo lo habría llamado; *pero no tenía su número de teléfono.*)
2. Yo habría ido a la fiesta _____.
3. Dice que él habría esperado más tiempo _____.
4. María habría ido con nosotros _____.
5. Habrían llegado más temprano _____.
6. Yo habría aprobado mis exámenes _____.
7. El no se habría resfriado _____.
8. Ella no habría tenido que ir al hospital _____.
9. Habríamos comprado un automóvil nuevo _____.
10. Yo habría traído los discos _____.

I. *Conteste las siguientes preguntas:*

1. Si ayer hubiera sido día de fiesta, ¿cómo habría pasado usted el tiempo?
2. Si usted se hubiera levantado más temprano esta mañana, ¿a qué hora habría llegado a la escuela?

3. Si usted hubiera sabido la importancia del español, ¿lo habría empezado a estudiar desde hace mucho tiempo?
4. ¿Cuándo lo habría empezado a estudiar?
5. ¿Habría usted aprendido español más rápidamente si hubiera tenido más tiempo para estudiarlo?
6. ¿Lo habría aprendido más rápidamente si hubiera tenido más práctica en conversación?
7. Si hubiera estado libre, ¿dónde habría ido usted?
8. ¿Habría usted ido al cine, al teatro o a visitar a algunos amigos?
9. Si usted hubiera nacido en Italia, ¿qué idioma habría aprendido a hablar desde niño?
10. Si usted hubiera nacido en Francia, ¿qué idioma hubiera aprendido? ¿En Alemania? ¿En Portugal?

LECCION 46

99. RELATIVE PRONOUNS: The most common relative pronouns, as already studied, are *que* and *quien*.

a) *Que* (who, whom, which, that) may be the subject or object of the subordinate verb. It may refer to persons or things. It never changes form.

> Es el hombre *que* trabaja conmigo.
> Vi al médico *que* usted me recomendó.
> Este es el libro *que* necesito.

b) After a preposition *que* refers only to things.

> Vi el apartamento *en que* viven.

c) *Quien* (*quienes*) always agrees in number with its antecedent. It refers only to persons and is used at times to indicate the antecedent more clearly than *que*, especially after a preposition.

> Hablé con las muchachas, *quienes* estaban muy contentas.
> El es el hombre *a quien* vimos en el restaurante.

100. EL CUAL, LA CUAL (los cuales, las cuales): In cases of ambiguity where there is more than one possible antecedent *el cual* (*la cual*, etc.) is often used instead of *que* or *quien*. *El cual, la cual*, etc. agree in number and gender with the antecedent and thus indicate more clearly their proper antecedent. They are often used after the preposition *por* and after compound prepositions such as *después de, además de*, etc.

> Vi la película en el Teatro Nacional, *la cual* me gustó mucho. (Thus, *la cual* here clearly refers to *la película* rather than to *el teatro*.)

> Aquí están los paquetes por *los cuales* han venido.

101. CUYO, CUYA (cuyos, cuyas): The possesive relative pronoun *cuyo* (*whose*) always agrees in gender and number with the noun which follows it.

> El es el muchacho *cuyo* padre yo conozco.
> Es el profesor *cuyas* hijas estudian en Francia.

102. COMPOUND RELATIVES: The compound relative pronouns *quienquiera* (*whomever*), *cualquiera* (*whatever, whoever*), *dondequiera* (*wherever*), etc., are usually followed by *que* and the subjunctive.

> *Quienquiera que lo vea*, lo admira mucho.
> *Dondequiera que usted vaya*, podrá oír español.

EJERCICIOS

A. *Llene los espacios en blanco con* QUE *o* QUIEN:

1. Han traído los libros ＿＿＿＿＿＿＿yo pedí.
2. San Martín, ＿＿＿＿＿＿＿ era natural.de la Argentina, vivió mucho tiempo en Madrid.
3. El es el amigo ＿＿＿＿＿＿＿ a mí me gusta más.
4. Washington es el héroe de ＿＿＿＿＿＿＿ estamos hablando.
5. El es el hombre a ＿＿＿＿＿＿＿ vimos en la tienda.
6. El es el hombre ＿＿＿＿＿＿＿ yo vi ayer en el restaurante.
7. Era un general ＿＿＿＿＿＿＿ siempre inspiraba a sus soldados.
8. Este es el colegio en ＿＿＿＿＿＿＿ estudia Juan.
9. ¿Ha visto usted el automóvil ＿＿＿＿＿＿＿ compró Eduardo?
10. Esta es la silla en ＿＿＿＿＿＿＿ yo me siento.

B. *Llene los espacios con* QUIEN *o* QUIENES:

1. Las muchachas a ＿＿＿＿＿＿＿ invité no pueden venir.
2. Vi a la muchacha con ＿＿＿＿＿＿＿ usted habló ayer.
3. Estos son los muchachos con ＿＿＿＿＿＿＿ va a estudiar Juan.
4. Ella es la persona sobre ＿＿＿＿＿＿＿ cayeron las sospechas.
5. Es el soldado a ＿＿＿＿＿＿＿ fusilaron.

6. Estoy pensando en María, de _____ recibí una carta ayer.
7. El señor López y su esposa, _____ salieron para Puerto Rico ayer; son amigos de mi papá.
8. El mejor alumno de la clase es José, _____ siempre saca las mejores notas.
9. Los soldados, _____ estaban muy cansados, acamparon al caer la tarde.
10. Fue su hermano _____ llamó.

C. *Use la forma correspondiente de* CUYO:

1. Ella es la muchacha _____ padre fue elegido presidente.
2. Juan, _____ examen fue el mejor, ganó el primer premio.
3. María, _____ hermanos están en Nueva York, va a pasar sus vacaciones con ellos.
4. El hombre de _____ nombre no me acuerdo, es profesor de inglés.
5. El capitán, _____ conducta llamó la atención de todos, fue condecorado.
6. Los pájaros, _____ nidos fueron destruidos, emigraron hacia otra región.
7. El señor Gómez, _____ hijos no se parecen a él, es un hombre muy inteligente.
8. Ella es una persona _____ simpatía atrae a todos.
9. Es un hombre _____ fama nunca morirá.
10. Mi padre era un hombre _____ generosidad excedía a sus medios.

D. *Use la forma correspondiente a* EL CUAL:

1. El peleó en la batalla de Gettysburg, en _____ fue herido.
2. Ayer recibí dos cartas, _____ creía perdidas.
3. El hierro es un metal por medio de _____ el hombre ha progresado mucho.
4. La sociedad de _____ yo soy miembro, celebrará una reunión esta noche.

5. El automóvil por _____ yo pagué más de dos mil pesos no resultó bueno.
6. El petróleo es un combustible, la falta de _____ influye mucho en el transporte.
7. La mesa, encima de _____ puse las flores, es de caoba.
8. Ella compró chuletas de puerco, _____ no me gustaron.
9. Este es el escritorio detrás de _____ se sentaba él.
10. Esa es la ventana por _____ entraron los ladrones.

E. *Use la forma apropiada del subjuntivo de los verbos entre paréntesis:*

1. Quienquiera que _____ (leer) ese libro, lo encontrará interesante.
2. Cualquiera que _____ (ser) la causa, el resultado será el mismo.
3. Donquiera que _____ (ir) ustedes, oirán la misma historia.
4. Dondequiera que _____ (estar), lo encontraré.
5. Quienquiera que _____ (hacer) el plan, no será fácil ganar la batalla.
6. Comoquiera que _____ (ser), es mi hermano.
7. Quienquera que _____ (recibir) la noticia, se alarmará.
8. Por dondequiera que _____ (viajar), van a encontrar las mismas condiciones.

F. *Seleccione la forma correcta:*

1. La escuela, de (la cual, el cual) él es director, es bien conocida en Caracas.
2. El libro, (cuyo, cuya) portada es verde, es mío.
3. Ese monumento (cuyo, cuyas) ruinas son tan interesantes, es el Coliseo.
4. Yo lo habría llamado anoche si yo (tuviera, hubiera tenido) su número de teléfono.
5. Si yo (fuera, estuviera) en su lugar no lo haría.
6. El profesor me dijo que (espere, esperara) en su oficina.

7. El insiste en que (vamos, vayamos) a su casa con él.
8. Juan sacaría mejores notas si (estudia, estudiara) más.
9. Es indispensable que usted (está, esté) aquí a las ocho.
10. Quienquiera que (trata, trate) de hacerlo, tendrá la misma dificultad.
11. Es dudoso que ellos (llegan, lleguen) a tiempo.
12. La energía atómica, el estudio de (la cual, el cual) se fomenta mucho hoy, decidirá el futuro.
13. El insiste (que, en que) comamos juntos esta noche.
14. Se lo explicaré a Juan tan pronto como (viene, venga).
15. Yo sueño muy a menudo (de, con) mi familia.

G. *Conteste las siguientes preguntas:*

1. ¿Cómo se llama la batalla en la cual Napoleón fue vencido?
2. ¿Dónde está la escuela en la cual estudia su hermano?
3. ¿Con quién fue usted al cine anoche?
4. ¿Quién es el profesor con el cual ustedes estudian historia?
5. ¿Puede usted salir de la escuela a cualquier* hora?
6. ¿Cree usted que este libro será útil para quienquiera que lo estudie?
7. ¿Podrá usted hacerse entender en español dondequiera que esté en Suramérica?
8. ¿Quién era el hombre cuyo sombrero el viento se llevó?
9. ¿Quién era la muchacha con quien estaba hablando usted en el pasillo?
10. ¿Cuál es el nombre de la escuela donde estudia usted?

---

* When *cualquier* is used as an adjective the final *a* is dropped.

LECCION 47

103. IMPERATIVE (COMMAND) FORM—Continued: There are two types of commands in Spanish. First, there are commands with *usted* (*ustedes*), in which the subjunctive is used and which are known as formal commands. Actually, such commands are polite requests rather than commands, being elliptical subjunctive constructions of wish or desire. We have already studied this type of command.

a) The second or true type of command (imperative) is that with *tú*, the so-called familiar form of command. As already noted for such commands with *tú* the third person singular of the present indicative of the verb is used.

Espera aquí.	*Toma* más.
Vuelve pronto.	*Siéntate* aquí.

b) The following imperatives with *tú* are irregular:

di (decir)	*haz* (hacer)	*sé* (ser)
sal (salir)	*ten* (tener)	*ve* (ir)
pon (poner)	*ven* (venir)	

c) In the negative familiar command with *tú* the subjunctive is used. (It thus differs in the negative from the formal command with *usted* only in that it has the final *s* of the second person singular.)

Positive	Negative
Pon el libro allí.	No *pongas* el libro allí.
Trae eso contigo.	No *traigas* eso contigo.

d) Note that object pronouns are attached to the verb in familiar commands just as in formal commands. If the command is negative they precede the verb.

Positive	Negative
Tráeme ese libro.	No me *traigas* ese libro
Dímelo ahora.	No *me lo digas* ahora.

(The plural form of familiar affirmative commands with *vosotros* is formed by changing the final *r* of the infinitive to *d*. Thus: contar, *contad* (*vosotros*); comer, *comed* (*vosotros*); venir, *venid* (*vosotros*), etc. The negative command with vosotros is expressed by the *vosotros* form of the present subjunctive: contar, *no contéis* (*vosotros*); comer, *no comáis* (*vosotros*); venir, *no vengáis* (*vosotros*). This form has very limited use today and therefore no further consideration is given to it here. In most countries of South America, instead of this form with *vosotros*, the plural of the formal command with *ustedes* is used: *Vengan ustedes. Esperen ustedes.* Etc.)

104. INDIRECT COMMANDS: So-called "indirect" commands, expressed in English by *let*, are formed in Spanish by use of the subjunctive. *Que* thus precedes the subjunctive except in the first person plural.

Esperemos aquí. (Let us wait here.)   Que *vaya* él. (Let him go.)
*Sentémonos** aquí. (Let us sit here.)   Que lo *haga* ella. (Let her do it.)

EJERCICIOS

A. *Use el imperativo singular, forma familiar, de los verbos entre paréntesis:*

1. (Hablar) más despacio. (*Habla* más despacio.)
2. (Hacer) tus tareas con más cuidado.
3. (Venir) temprano.
4. (Esperar) hasta mañana.
5. (Ir) con ella.
6. (Estudiar) este ejercicio.
7. (Decir) la verdad.
8. (Poner) tus libros sobre la mesa.
9. (Salir) temprano.
10. (Comer) con nosotros.
11. (Llevar) esto contigo.
12. (Abrir) la ventana.
13. (Tener) cuidado.
14. (Volver) en seguida.

---

* In indirect first person plural commands, if the verb is reflexive, the final s is dropped before *nos* is added; *sentémonos, levantémonos.*

B. *Escriba la forma negativa de las siguientes oraciones:*

1. Espera tú aquí. (No esperes tú aquí.)
2. Ven conmigo.
3. Sal de aquí.
4. Pon tus cosas aquí.
5. Mírate en el espejo.
6. Oye lo que digo.
7. Aprende estas palabras.
8. Lee este cuento.
9. Come mucha carne.
10. Trae a Juan contigo.
11. Escribe la carta ahora.
12. Trata de verla hoy.
13. Ve al cine con ellos.
14. Anda más rápido.

C. *Cambie al imperativo singular, forma familiar, las siguientes frases:*

1. Escribirlo ahora. (Escríbelo tú ahora.)
2. Esperarlos aquí.
3. Traerlos contigo.
4. Mandárselas a ella mañana.
5. Telefonearles mañana.
6. Aprenderla bien.
7. Ponerlo sobre la mesa.
8. Tomarlo después.
9. Sujetarlo bien.
10. Agitarla bien.
11. Comerlo todo.
12. Prepararlo rápidamente.

D. *Haga una sola palabra del verbo y los pronombres correspondientes. Siga el modelo:*

1. Trae el periódico (a mí). (Tráeme el periódico.)
2. Manda las cartas (a ella).
3. Da el dinero (a él).

4. Escribe una carta (a ella).
5. Lee el artículo (a mí) en alta voz.
6. Trae el libro (a mí).
7. Enseña las reglas (a mí).
8. Compra el regalo (para él) mañana.
9. Lleva el paquete (a ellos) mañana.
10. Envía el mensaje (a ella) en seguida.

E. *Escriba el negativo de las siguientes oraciones:*

1. Tráeme eso. (No me traigas eso.)
2. Dímelo.
3. Siéntate aquí.
4. Ponte tu abrigo.
5. Enséñamela.
6. Espérame en la esquina.
7. Házmelo hoy.
8. Escríbesela mañana.
9. Lávate las manos.
10. Levántate temprano.
11. Mándame las cosas hoy.
12. Quítate tu sombrero.

F. *Use las siguientes oraciones con* USTED:

1. Ven tú conmigo. (Venga usted conmigo.)
2. Hazlo ahora.
3. Ten más cuidado.
4. Sal con ella.
5. Sé bueno con él.
6. Ábrela en seguida.
7. Ponlos allí.
8. Dime la verdad.
9. Vuelve lo más pronto posible.
10. Ve con ellos al cine.
11. Ponte los guantes.
12. Levántate temprano.

G. *Use estas oraciones con* TU:

1. Ponga sus cosas aquí. (Pon tus cosas aquí.)
2. Espéreme aquí.
3. Venga con nosotros.
4. Abríguese bien.
5. Acuéstese temprano.
6. Dígales todo lo que usted sabe del asunto.
7. Ayúdelos.
8. Tenga más paciencia con ella.
9. Haga menos ruido.
10. Prométame eso.
11. Háblele claramente.
12. Vaya en seguida.

H. *Cambie los verbos al modo subjuntivo, expresando así órdenes indirectas:*

1. Que lo _____ (hacer) el criado.
2. Que _____ (salir) Juan.
3. _____ (sentarnos) aquí nosotros.
4. _____ (levantarnos) temprano mañana para jugar tenis.
5. Que _____ (venir) ellos solos.
6. Que _____ (sacar) él al perro.
7. Que _____ (suministrar) Eduardo el dinero.
8. Que _____ (llevar) él las maletas.

111

LECCION 48

105. Uses of HABER: As previously studied, the verb *haber* is used independently in its various forms as an impersonal verb:

Hay una mesa en el cuarto. *Habrá* muchos ausentes mañana.
Había dos alumnos ausentes. *Ha habido* mucha gente enferma.
                                Etc.

a) As we have also already learned, *haber* is used as the auxiliary verb in the formation of various compound tenses:

han estudiado	*habría* estudiado
habían estudiado	*hubiera* estudiado
	Etc.

b) *Haber* is also used independently with *que* and an infinitive to express necessity. Note that the subject is third person and impersonal (*one*).

Hay que pensar en eso. *One has to think* about that.
Había que estudiar mucho. *One had to study* very much.

c) *Haber* is also used to obtain the past tense form of *deber* (*must*) in constructions expressing probability. Note the use of the preposition *de*.

Juan no está aquí. El *debe de haber salido* con María.
Juan is not here. He *must have gone out* with Mary.

Debe haber llovido mientras estábamos en el cine.
It *must have rained* while we were at the movies.

d) *Haber* is also used to form the compound past tense form of *debería* (*should*).

El *debería* estudiar más. He *should* study more.
El *debería haber* estudiado más. He *should have* studied more.

112

e) *Haber* is also used to form the past (perfect) form of infinitives and participles:

Me alegro de *haberlo hecho.* I am glad to have done it.

Habiendo esperado más de dos horas, salimos.
Having waited more than two hours, we left.

EJERCICIOS

A. *Cambie al pasado y al futuro:*

1. Hay muchos alumnos ausentes. (a. Había muchos alumnos ausentes. b. Habrá muchos alumnos ausentes.)
2. Hay mucha gente en la calle.
3. Hay dos muchachos esperando en la oficina.
4. Hay más muchachas que muchachos en la clase.
5. Hay unas cartas para usted sobre la mesa.
6. Hay muchos parques hermosos en esa ciudad.
7. Hay muchos errores en su composición.
8. No hay ni una sola persona en esa clase.
9. No hay ninguna lámpara en el cuarto.
10. Hay mucho ruido en la calle.

B. *Repita el ejercicio* A *cambiando las oraciones al pretérito perfecto.* (1. *Ha habido* muchos alumnos ausentes.)

C. *Cambie al pretérito perfecto y al pluscuamperfecto. Añada una frase original a las oraciones en pluscuamperfecto para completar el significado. Siga el modelo:*

1. El estudió español dos años. (a. El *ha estudiado* español dos años. b. El *había estudiado* español dos años *cuando empezó en esta clase.*)
2. El escribió la carta.
3. Trajeron la mercancía.
4. Eduardo salió con María.
5. El estuvo aquí dos horas.
6. Ella era la profesora de esa escuela.
7. Juan dejó sus llaves en el autobús.

113

8. Hicieron el trabajo.
9. Puse los libros en el estante.
10. Ella gastó más de mil pesos.

D. *Cambie las siguientes oraciones usando la forma correcta de* HAY QUE. *Siga el modelo:*

1. Es necesario llegar a tiempo. (*Hay que* llegar a tiempo.)
2. Es necesario volver más tarde.
3. Es preciso llamar por teléfono primero.
4. Era necesario esperar allí mucho tiempo.
5. Es necesario pagar la tarifa al entrar en el metro.
6. Será preciso hacer reservaciones con anticipación.
7. Será necesario dejar un depósito de cien dólares.
8. Es indispensable contestarles en seguida.
9. Era preciso devolverles el dinero.
10. Es necesario dejar una propina mayor.

E. *Cambie, dando la misma idea, con* DEBE DE HABER. *Siga el modelo:*

1. Probablemente Pablo fue al cine. (Pablo *debe de haber* ido al cine.)
2. Probablemente esperó mucho tiempo.
3. El señor Gómez probablemente salió de la ciudad.
4. El probablemente escribió la carta hace mucho tiempo.
5. Probablemente ella estaba enferma.
6. Probablemente los puso en la gaveta.
7. Los alumnos probablemente sabían eso.
8. Ella probablemente los compró en México.
9. Eduardo probablemente nació en Francia.
10. Probablemente fracasó a causa de su poco juicio.

F. *Cambie al pasado las siguientes oraciones:*

1. Usted debe venir en taxi. (Usted *debería haber venido* en taxi.)
2. Usted debe esperar más tiempo.
3. Ella no debe pasar tanto tiempo en casa.

4. Juan no debe leer tanto por la noche.
5. Debían estudiar más.
6. Los alumnos deben poner más atención en la clase.
7. Debemos darle al maestro un regalo.
8. Usted debe decirles eso.
9. No debemos hacer eso sin consultarlo antes.
10. Yo no debo desperdiciar tanto tiempo.

G. *Para practicar con* DEBERIA HABER, *suponga que en cada una de las siguientes oraciones alguien se ha equivocado en lo que tenía que hacer; entonces escriba dos oraciones originales de explicación, la primera negativa y la segunda afirmativa. Siga el modelo:*

1. Yo esperé en la esquina de la calle Príncipe. (a. Usted *no debería haber esperado* en la esquina de la calle Príncipe. b. Usted *debería haber esperado* en la esquina de la calle Obispo.)
2. Yo mandé las cartas por correo ordinario.
3. El puso la correspondencia sobre el escritorio del señor Gómez.
4. Le pagué con dinero colombiano.
5. Fuimos a ver una película mexicana.
6. Yo preparé los ejercicios de la página setenta y dos.
7. El llegó a las diez.
8. El tren salió a las ocho.
9. Yo lo llamé por teléfono.
10. El cartero dejó la correspondencia en el buzón del señor López.

H. *Conteste las siguientes preguntas:*

1. ¿Cuántos alumnos hay en su clase?
2. ¿Cuántos muchachos hay en su clase? ¿Cuántas muchachas?
3. ¿Cuántos alumnos había en su clase el año pasado?
4. ¿Habrá muchos o pocos alumnos ausentes mañana?
5. ¿Ha habido muchos o pocos alumnos ausentes últimamente?

6. ¿Por qué dice usted que hay que estudiar con cuidado las conjugaciones de los verbos en español?
7. ¿Ha estado usted alguna vez en Suramérica?
8. ¿Cuántos ejercicios han terminado ustedes en este libro?
9. ¿Habría progresado usted más en español si hubiera tenido más tiempo para estudiar?
10. ¿Habría ido usted al cine anoche si no hubiera tenido que estudiar?
11. ¿Por qué le dijo usted a Pablo que él debía haber estudiado más antes de su examen?
12. ¿Por qué dice Eduardo que debía haber estudiado francés en vez de español?
13. ¿Por qué cree usted que debe haber dejado sus llaves en el autobús?
14. ¿Por qué cree usted que Enrique debe haber estudiado alemán muchos años?

LECCION 49

106. INFINITIVES: Earlier we learned that many verbs in Spanish, as in English, may be followed by a complementary infinitive without use of a preposition. Verbs of this groups are: *deber, esperar, querer, necesitar, olvidar, poder, prometer,* etc.

Quiero estudiar.	Puedo hacerlo.
Deben esperar.	Necesitan estudiar más

a) Other verbs which are normally followed by a definite preposition before all noun objects naturally retain the preposition before a complementary infinitive. Verbs of this group, with the prepositions which normally accompany them, are: *alegrarse de, insistir en, consentir en, tardar en, aprender a, empezar a, invitar a, sorprenderse de, tratar de, olvidarse de, acordarse de, constar de,* etc.

Insistió *en* ir.	Empezaron *a* salir.
Trató *de* estudiar.	Me acordé *de* mandarlo.

b) Note again that the infinitive is the only Spanish verb form used after prepositions, whereas in English, in corresponding constructions, a gerund is used sometimes:

Antes de *comer* se lavó las manos.	Before *eating* he washed his hands.
Después de *estudiar,* fuimos al cine.	After *studying,* we went to the movies.
Está interesado en *hacer* todo lo que pueda.	He is interested in *doing* all he can.
Estoy listo para *salir.*	I am ready *to leave.*
Las lecciones son fáciles de *preparar.*	The lessons are easy *to prepare.*

c) The infinitive is also used as the subject or object of the verb. Again, it is usually translated by the gerund in English.

Ver es creer.	*Seeing* is believing.
Me gusta *cantar.*	I like *singing* (to sing).

117

d) Note the use of the infinitive in the following idiomatic constructions:

> *al* plus an infinitive: *al salir* (upon leaving); *al entrar* (upon entering)
>
> *acabar de* plus an infinitive (English equivalent: *to have just done something*): *El acaba de llegar.* (He has just arrived.) *Acaban de decirme su plan.* (They have just told me their plan.)
>
> *Volver a* plus an infinitive (English equivalent: *again, a second time*): *El volvió a hacerlo.* (He did it again.) *Volvieron a ocupar la ciudad.* (They captured the city again.)

e) Note that an infinitive is used, as in English, after verbs of sense perception (*oír, ver, sentir,* etc.)

> Lo vi *entrar.* (I saw him *enter.*)
> Oímos *cantar* a Juan. (We heard John *sing.*)

EJERCICIOS

A. *Llene los espacios con la preposición correspondiente si es necesaria:*

1. Ellos insistieron _____ ayudarnos.
2. Quisieran _____ comprar una casa en la Quinta Avenida.
3. Ellos deben _____ poner más atención en la clase.
4. Empezamos _____ estudiar en esta clase el mes pasado.
5. Yo quiero aprender _____ hablar.
6. Dice que trató _____ comunicarse con nosotros anoche.
7. No me acuerdo _____ de esa película.
8. Desean pasar sus vacaciones _____ Europa.
9. Necesitan _____ hacer más ejercicio al aire libre.
10. El prefiere _____ volver más tarde.

B. *Use la preposición que corresponde a los verbos siguientes:*

1. La felicidad no consiste _____ tener mucho dinero.
2. Voy a tratar _____ preparar mis lecciones más temprano.

3. El examen consta _____ diez preguntas.
4. Tardarán dos días _____ traer la mercancía.
5. El consiente _____ esperar aquí con su hermano.
6. Dicen que se alegran _____ poder ir con nosotros.
7. El profesor insiste _____ que esperemos en su oficina.
8. Este libro consta _____ cincuenta lecciones.
9. Aprendió _____ nadar el verano pasado.
10. Nunca se acuerda _____ cumplir con su deber.
11. Me olvidé _____ decírselo.
12. El barco acababa _____ llegar.

C. *Use la preposición que corresponde:*

1. Dice que está cansado _____ trabajar en esa fábrica.
2. Eduardo siempre está dispuesto _____ hacer cualquier cosa por sus amigos.
3. Ella no está lista _____ salir.
4. Están muy interesados _____ hacer el viaje este año.
5. Estos ejercicios no son difíciles _____ hacer.
6. Hágame el favor _____ esperar unos minutos más.
7. El está desesperado _____ salir.
8. Estoy muy sorprendido _____ su actitud.
9. El no está acostumbrado _____ levantarse tan temprano.
10. Estoy inclinado _____ aceptar su proposición.

D. *Use* VOLVER A *para expresar la misma idea:*

1. El lo hizo otra vez. (El *volvió a* hacerlo.)
2. Se vieron otra vez en Francia.
3. Empezaron otra vez sus lecciones.
4. Eduardo lo aceptó otra vez.
5. Ella leerá el manuscrito otra vez.
6. Cuando escriba otra vez a Juan, déle recuerdos.
7. El cartero puso otra vez la carta en el lugar equivocado.
8. El teléfono sonó otra vez a medianoche.
9. Cometí el mismo error otra vez.
10. Han robado otra vez en la misma casa.

E. *Cambie las siguientes oraciones, empezando cada oración con* YO VI *o* YO OI. *Siga el modelo:*

1. El ladrón salió por la ventana. (*Yo vi* salir al ladrón por la ventana o *Yo oí* salir al ladrón por la ventana.)
2. Juan entró en la oficina.
3. Ella tocó a la puerta.
4. La señora de López cantó en la fiesta anoche.
5. El perró ladró varias veces.
6. Los muchachos nadaron en el lago.
7. Los dos tocaron el piano juntos.
8. Ella dejó caer el plato a propósito.
9. El niño lloró dos veces.
10. El automóvil chocó con el autobús.

F. *Seleccione la forma correcta:*

1. Estoy listo (para, por) salir.
2. Me olvidé (traer, de traer) los libros.
3. Insistieron (en, de) darme todo el dinero.
4. El parece dispuesto (a, de) aceptar nuestro plan.
5. Usted (debía ir, debía haber ido) anoche al cine con nosotros.
6. Si yo no hubiera tenido tantas cosas que hacer anoche (iría, habría ido).
7. Ella ha (escrito, escrita) muchos artículos sobre ese problema.
8. Esta composición fue (escrito, escrita) por María.
9. (Leche, La leche) es buena para los niños.
10. Van a hacer un viaje (a, al) Brasil.
11. América fue descubierta (por, para) Colón.
12. Juan está ausente hoy. Debe (ser, estar) enfermo.
13. Eduardo se fue ayer (por, para) Miami.
14. Si yo (era, fuera) usted, nunca haría tal cosa.

G. *Conteste las siguientes preguntas:*

1. ¿Quién acaba de llegar a la clase?
2. ¿Qué lección acaban de estudiar ustedes?

3. ¿Qué reglas de geometría acaban de aprender ustedes?
4. ¿Qué fiesta nacional acaba de celebrarse?
5. ¿Qué película acaban de estrenar en el teatro Belmont?
6. ¿Se pone usted el abrigo antes o después de salir?
7. ¿Por qué no está interesado Juan en aprender a hablar español?
8. ¿De cuántas lecciones consta este libro?
9. ¿De cuántas preguntas consta este ejercicio?
10. ¿Se alegra usted de haber terminado ya tantas lecciones de gramática?
11. ¿Saluda usted al profesor al entrar en la clase o al salir de la clase?
12. ¿Por qué está Juan desesperado por terminar este curso?

LECCION 50

107. CONJUNCTIONS: When the conjunction *but* introduces a positive statement which is contrary to the preceding *negative* statement, *sino* is used instead of *pero:*

La pluma no es mía *sino* de ella.	The pen isn't mine, *but* hers.
No voy a la Agentina *sino* a Chile.	I'm not going to Argentina, *but* to Chile.

a) *Y* (and) is changed to *e* when the word which follows it begins with *i* or *hi*. Likewise, *o* (or) is changed to *u* before words beginning with *o* or *ho:*

Hablan francés *e* italiano.	Había siete *u* ocho alumnos allí.
Son padre *e* hijo.	No sé si es lobo *u* oso.

108. DIMINUTIVES—ABSOLUTE SUPERLATIVE: In Spanish various suffixes are often added to nouns and adjectives in order to express different degrees of smallness or largeness. (Compare in English: *book-booklet; kitchen-kitchenette*.) The most common of the diminutive endings are *ito, cito, ecito,* and *illo*. If the noun or adjective ends in a consonant or accented vowel, the suffix is added; if the noun or adjective ends in an unaccented vowel, the vowel is dropped before the suffix:

mesa—mesita (little table)	mujer—mujercita (little woman)
libro—librito (little book)	joven—jovencito (young man)
perro—perrito (puppy)	ventana—ventanita (little window)

In addition to expressing degrees of smallness, such diminutives may also express admiration or affection:

viejecito (pleasant old man).	vocecita (sweet little voice)

The so-called absolute superlative of many adjectives (and occasionally adverbs) is obtained by adding the suffix *ísimo* (*ísima, ísimos, ísimas*). This suffix gives to the adjective a meaning which might be expressed in English by *most* or *extremely*.

Es *utilísimo.*	It is *most useful.*
Es de una tela *finísima.*	It is made of *extremely fine* cloth.

109. EXCLAMATORY FORM: Exclamations in Spanish are expressed with *que* as shown in the examples which follow below (Note also use of *tan* and *más*).

¡Qué pálida está!	How pale she is!
¡Qué corbata *tan* bonita!	What a pretty tie!
¡Qué música *más* agradable!	What nice (agreeable) music!

EJERCICIOS

A. *Use las conjunciones correctas,* SINO *o* PERO:

1. El no quiere vivir en Nueva York _____ en Los Angeles.
2. No quieren estudiar una carrera _____ dedicarse a un oficio.
3. A mí no me gusta ir en autobús _____ en tren subterráneo.
4. A él no le gusta ir por tren _____ por avión.
5. No hay muchos libros en la biblioteca, _____ los que hay son bien escogidos.
6. Los serenos no duermen de noche _____ de día.
7. El no bebía agua _____ vino.
8. Hablé no con el director, _____ con el encargado.
9. Nunca he estado en Asia, _____ he viajado mucho por Europa.
10. No sólo baila bien, _____ que también canta.

B. *Seleccione la conjunción correcta:*

1. El habla español (y, e) inglés.
2. No importa que el empleado sea mujer (u, o) hombre.
3. Ellos dos son padre (e, y) hijo.
4. Había setenta (o, u) ochenta personas en el cuarto.
5. Para coser se necesitan aguja (y, e) hilo.
6. La aguja (y, e) el hilo que tengo no sirven.

7. Es un libro moderno (y, e) interesante.
8. Ese señor es fiel (e, y) íntimo amigo mío.
9. Pedro (y, e) Isabel vinieron juntos a la fiesta.
10. Pedro (y, e) Elena están disgustados.

C. *Cambie las palabras en letra cursiva a la forma diminutiva:*

1. Los *niños* se divierten mucho.
2. Están haciendo *montones* de arena.
3. Mis *primos* juegan con los *soldados* de plomo.
4. El *pobre* es digno de lástima.
5. Esa *flor* es muy bonita. ¿Cómo se llama?
6. Se llama *zapato de Venus.*
7. Ella está haciendo una *blusa* muy mona para su *sobrina.*
8. Voy a dar un paseo por el parque con mi *hermano.*
9. Es peligroso asomarse a la *ventana* cuando el tren está en marcha.
10. La *cama* del niño es *baja.*
11. La *abuela* quiere mucho a sus *nietos.*
12. Es un *chico* de unos ocho años.
13. Hay que ver la *tos* que tiene.
14. ¿Ha visto usted mi *libro* negro?

D. *Cambie al grado superlativo absoluto los adjetivos en letra cursiva:*

1. La blusa que ella compró es *fea.* (La blusa que ella compró es *feísima.*)
2. Se dice que ellos son *ricos.*
3. Eduardo tiene una letra *bella.*
4. He oído decir que ellos tienen *mucho* dinero.
5. Las montañas de esa sección del país son *altas.*
6. María tiene los ojos *negros.*
7. El paisaje es *lindo.*
8. Las cosas que se venden en esa tienda son buenas, pero *caras.*
9. Su profesor dice que ella es una alumna *inteligente.*
10. Ella siempre lleva sombreros *pequeños.*

11. Acaban de comprar una casa *grande* en la Quinta Avenida.
12. Dicen que el estado de sus negocios es *grave*.

E. *Escriba la forma exclamativa de las siguientes oraciones:*

1. Es un día hermoso.
2. Es una blusa muy linda.
3. Ella canta muy bien.
4. Tiene los ojos muy tristes.
5. Es una cosa muy bonita.
6. Tiene la nariz muy larga.
7. Era una película muy aburrida.
8. Es una persona muy pesada.
9. El nada bien.
10. Es un edificio muy imponente.

F. *Seleccione la forma correcta:*

1. No van a estudiar español (pero, sino) francés.
2. Pablo (y, e) Isabel van a acompañarnos.
3. El es el escritor (cuyo, cuyos) libros usamos en nuestra clase de historia.
4. Si yo (habría, hubiera) estado aquí, habría participado en la fiesta.
5. Si (sería, fuera) hijo mío, lo habría educado de otra manera.
6. Estamos listos (por, para) salir.
7. Empezarán (a, de) poner las cosas en orden mañana.
8. El español es muy fácil (aprender, de aprender).
9. Tengo muchísimas cosas (de, que) hacer esta mañana.
10. Se alegró (recibir, de recibir) la carta de ustedes.
11. Anoche soñé (de, con) mi padre.
12. El jefe ha ordenado que entren (la fábrica, en la fábrica) a las ocho.
13. El me dijo que (espere, esperara) afuera.
14. Insiste (que, en que) vengamos en seguida.
15. Le prohibí que (ponga, pusiera) sus libros en mi mesa.

G. *Conteste las siguientes preguntas:*

1. ¿Habla el profesor de ustedes español e inglés bien?
2. ¿Era mujer u hombre la persona que llamó por teléfono?
3. ¿Por qué se llaman comúnmente ventanillas las ventanas de un tren?
4. ¿Cuál es la diferencia entre *voz* y *vocecita*? ¿Entre *tos* y *tosecita*?
5. ¿Cuál es la diferencia entre un *viejecito* y una *viejecita*?
6. Si una cosa es *grandota*, ¿es muy grande o muy pequeña?
7. Si una mujer es una *mujerona*, ¿es grande o pequeña?
8. ¿Es una *nubecilla* una nube grande o una nube pequeña?
9. Si una persona es *riquísima*, ¿tiene mucho o poco dinero?
10. Si una persona es *inteligentísima*, ¿tiene mucha o poca inteligencia?
11. ¿Por qué no va usted esta noche al cine, *sino* al teatro?
12. ¿Por qué no quiere usted ir de vacaciones al Canadá *sino* a México?

APPENDIX

REGULAR VERBS

FIRST CONJUGATION
HABLAR

PRESENT	habl	o	as	a	amos	áis	an
IMPERFECT	habl	aba	abas	aba	ábamos	abais	aban
PRETERITE	habl	é	aste	ó	amos	asteis	aron
FUTURE	hablar	é	ás	á	emos	éis	án
CONDITIONAL	hablar	ía	ías	ía	íamos	íais	ían
PRES. SUBJ.	habl	e	es	e	emos	éis	en
IMP. SUBJ. (1)	habl	ara	aras	ara	áramos	arais	aran
IMP. SUBJ. (2)	habl	ase	ases	ase	ásemos	aseis	asen
IMPERATIVE	habl		a	e	emos	ad	en
PRES. PART.	habl	ando					
PAST PART.	habl	ado					

SECOND CONJUGATION
COMER

PRESENT	com	o	es	e	emos	éis	en
IMPERFECT	com	ía	ías	ía	íamos	íais	ían
PRETERITE	com	í	iste	ió	imos	isteis	ieron
FUTURE	comer	é	ás	á	emos	éis	án
CONDITIONAL	comer	ía	ías	ía	íamos	íais	ían
PRES. SUBJ.	com	a	as	a	amos	áis	an
IMP. SUBJ. (1)	com	iera	ieras	iera	iéramos	ierais	ieran
IMP. SUBJ. (2)	com	iese	ieses	iese	iésemos	ieseis	iesen
IMPERATIVE	com		e	a	amos	ed	an
PRES. PART.	com	iendo					
PAST PART.	com	iendo					

THIRD CONJUGATION
VIVIR

PRESENT	viv	o	es	e	imos	ís	en
IMPERFECT	viv	ía	ías	ía	íamos	íais	ían
PRETERITE	viv	í	iste	ió	imos	isteis	ieron
FUTURE	vivir	é	ás	á	emos	éis	án
CONDITIONAL	vivir	ía	ías	ía	íamos	íais	ían
PRES. SUBJ.	viv	a	as	a	amos	áis	an
IMP. SUBJ. (1)	viv	iera	ieras	iera	iéramos	ierais	ieran
IMP. SUBJ. (2)	viv	iese	ieses	iese	iésemos	ieseis	iesen
IMPERATIVE	viv		e	a	amos	id	an
PRES. PART.	viv	iendo					
PAST PART.	viv	ido					

COMPOUND TENSES

INFINITIVE	I	II	III
PRES. PERFECT PARTICIPLE	haber hablado	haber comido	haber vivido
PRES. PERFECT INDICATIVE	habiendo hablado	habiendo comido	habiendo vivido
PRES. PERFECT	he hablado	he comido	he vivido
PAST PERFECT	había hablado	había comido	había vivido
FUTURE PERFECT	habré hablado	habré comido	habré vivido
COND. PERFECT SUBJUNCTIVE	habría hablado	habría comido	habría vivido
PRES. PERFECT	haya hablado	haya comido	haya vivido
PAST PERFECT (1)	hubiera hablado	hubiera comido	hubiera vivido
PAST PERFECT (2)	hubiese hablado	hubiese comido	hubiese vivido

IRREGULAR VERBS*

(ANDAR)

PARTICIPLES	andando, andado
PRETERIT	anduve, anduviste, anduvo, anduvimos, anduvisteis, anduvieron
IMP. SUBJ.	(1) anduviera, anduvieras, etc. (2) anduviese, anduvieses, etc.

(CABER)

PARTICIPLES	cabiendo, cabido
PRESENT	quepo, cabes, cabe, cabemos, cabéis, caben
PRETERITE	cupe, cupiste, cupo, cupimos, cupisteis, cupieron
FUTURE	cabré, cabrás, etc.
COND.	cabría, cabrías, etc.
PRES. SUBJ.	quepa, quepas, quepa, quepamos, quepáis, quepan
IMP. SUBJ.	(1) cupiera, cupieras, etc. (2) cupiese, cupieses, etc.

(CAER)

PARTICIPLES	cayendo, caído
PRESENT	caigo, caes, cae, caemos, caéis, caen
PRETERITE	caí, caíste, cayó, caímos, caísteis, cayeron
PRES. SUBJ.	caiga, caigas, caiga, caigamos, caigáis, caigan
IMP. SUBJ.	(1) cayera, cayeras, etc. (2) cayese, cayeses, etc.

(DAR)

PARTICIPLES	dando, dado
PRESENT	doy, das, da, damos, dais, dan
PRETERITE	di, diste, dio, dimos, disteis, dieron
PRES. SUBJ.	dé, des, dé, demos, deis, den
IMP. SUBJ.	(1) diera, dieras, etc. (2) diese, dieses, etc.

(DECIR)

PARTICIPLES	diciendo, dicho
PRESENT	digo, dices, dice, decimos, decís, dicen
PRETERITE	dije, dijiste, dijo, dijimos, dijisteis, dijeron
FUTURE	diré, dirás, etc.
COND.	diría, dirías, etc.
PRES. SUBJ.	diga, digas, diga, digamos, digáis, digan
IMP. SUBJ.	(1) dijera, dijeras, etc. (2) dijese, dijeses, etc.

(ESTAR)

PARTICIPLES	estando, estado
PRESENT	estoy, estás, está, estamos, estáis, están
PRETERITE	estuve, estuviste, estuvo, estuvimos, estuvisteis, estuvieron
PRES. SUBJ.	esté, estés, esté, estemos, estéis, estén
IMP. SUBJ.	(1) estuviera, estuvieras, etc. (2) estuviese, estuvieses, etc.

*Only the tenses in which some irregularity occurs are listed for each verb.

(HABER)	
PARTICIPLES	habiendo, habido
PRESENT	he has, ha, hemos, habéis, han
PRETERITE	hube, hubiste, hubo, hubimos, hubisteis, hubieron
FUTURE	habré, habrás, etc.
COND.	habría, habrías, etc.
PRES. SUBJ.	haya, hayas, haya, hayamos, hayáis, hayan
IMP. SUBJ.	(1) hubiera, hubieras, etc. (2) hubiese, hubieses, etc.

(HACER)	
PARTICIPLES	haciendo, hecho
PRESENT	hago, haces, hace, hacemos, hacéis, hacen
PRETERITE	hice, hiciste, hizo, hicimos, hicisteis, hicieron
FUTURE	haré, harás, etc.
COND.	haría, harías, etc.
PRES. SUBJ.	haga, hagas, haga, hagamos, hagáis, hagan
IMP. SUBJ.	(1) hiciera, hicieras, etc. (2) hiciese, hicieses, etc.

(IR)	
PARTICIPLES	yendo, ido
PRESENT	voy, vas, va, vamos, vais, van
IMPERFECT	iba, ibas, iba, íbamos, ibais, iban
PRETERITE	fui, fuiste, fue, fuimos, fuisteis, fueron
PRES. SUBJ.	vaya, vayas, vaya, vayamos, vayáis, vayan
IMP. SUBJ.	(1) fuera, fueras, etc. (2) fuese, fueses, etc.

(OIR)	
PARTICIPLES	oyendo, oído
PRESENT	oigo, oyes, oye, oímos, oís, oyen
PRETERITE	oí, oíste, oyó, oímos, oísteis, oyeron
PRES. SUBJ.	oiga, oigas, oiga, oigamos, oigáis, oigan.
IMP. SUBJ.	(1) oyera, oyeras, etc. (2) oyese, oyeses, etc.

(PODER)	
PARTICIPLES	pudiendo, podido
PRESENT	puedo, puedes, puede, podemos, podéis, pueden
PRETERITE	pude, pudiste, pudo, pudimos, pudisteis, pudieron
FUTURE	podré, podrás, etc.
COND.	podría, podrías, etc.
PRES. SUBJ.	pueda, puedas, pueda, podamos, podáis, puedan
IMP. SUBJ.	(1) pudiera, pudieras, etc. (2) pudiese, pudieses, etc.

(PONER)	
PARTICIPLES	poniendo, puesto
PRESENT	pongo, pones, pone, ponemos, ponéis, ponen
PRETERITE	puse, pusiste, puso, pusimos, pusisteis, pusieron
FUTURE	pondré, pondrás, etc.
COND.	pondría, pondrías, etc.
PRES. SUBJ.	ponga, pongas, ponga, pongamos, pongáis, pongan
IMP. SUBJ.	(1) pusiera, pusieras, etc. (2) pusiese, pusieses, etc.

(QUERER)	
PARTICIPLES	queriendo, querido
PRESENT	quiero, quieres, quiere, queremos, queréis, quieren
PRETERITE	quise, quisiste, quiso, quisimos, quisisteis, quisieron
FUTURE	querré, querrás, etc.
COND.	querría, querrías, etc.
PRES. SUBJ.	quiera, quieras, quiera, queramos, queráis, quieran
IMP. SUBJ.	(1) quisiera, quisieras, etc. (2) quisieses, quisieses, etc.

131

(SABER)

PARTICIPLES	sabiendo, sabido
PRESENT	sé, sabes, sabe, sabemos, sabéis, saben
PRETERITE	supe, supiste, supo, supimos, supisteis, supieron
FUTURE	sabré, sabrás, etc.
COND.	sabría, sabrías, etc.
PRES. SUBJ.	sepa, sepas, sepa, sepamos, sepáis, sepan
IMP. SUBJ.	(1) supiera, supieras, etc. (2) supiese, supieses, etc.

(SALIR)

PARTICIPLES	saliendo, salido
PRESENT	salgo, sales, sale, salimos, salís, salen
FUTURE	saldré, saldrás, etc.
COND.	saldría, saldrías, etc.
PRES. SUBJ.	salga, salgas, salga, salgamos, salgáis, salgan

(SER)

PARTICIPLES	siendo, sido
PRESENT	soy, eres, es, somos, sois, son
IMPERFECT	era, eras, era, éramos, erais, eran
PRETERITE	fui, fuiste, fue, fuimos, fuisteis, fueron
PRES. SUBJ.	sea, seas, sea, seamos, seáis, sean
IMP. SUBJ.	(1) fuera, fueras, etc. (2) fuese, fueses, etc.

(TENER)

PARTICIPLES	teniendo, tenido
PRESENT	tengo, tienes, tiene, tenemos, tenéis, tienen
PRETERITE	tuve, tuviste, tuvo, tuvimos, tuvisteis, tuvieron
FUTURE	tendré, tendrás, etc.
COND.	tendría, tendrías, etc.
PRES. SUBJ.	tenga, tengas, tenga, tengamos, tengáis, tengan
IMP. SUBJ.	(1) tuviera, tuvieras, etc. (2) tuviese, tuvieses, etc.

(TRADUCIR)

PARTICIPLES	traduciendo, traducido
PRESENT	traduzco, traduces, traduce, traducimos, traducís, traducen
PRETERITE	traduje, tradujiste, tradujo, tradujimos, tradujisteis, tradujeron
PRES. SUBJ.	traduzca, traduzcas, traduzca, traduzcamos, traduzcáis, traduzcan
IMP. .SUBJ.	(1) tradujera, tradujeras, etc. (2) tradujese, tradujeses, etc.

(TRAER)

PARTICIPLES	trayendo, traído
PRESENT	traigo, traes, trae, traemos, traéis, traen
PRETERITE	traje, trajiste, trajo, trajimos, trajisteis, trajeron
PRES. SUBJ.	traiga, traigas, traiga, traigamos, traigáis, traigan
IMP. SUBJ.	(1) trajera, trajeras, etc. (2) trajese, trajeses, etc.

(VALER)

PARTICIPLES	valiendo, valido
PRESENT	valgo, vales, vale, valemos, valéis, valen
FUTURE	valdré, valdrás, etc.
COND.	valdría, valdrías,etc.
PRES. SUBJ.	valga, valgas, valga, valgamos, valgáis, valgan

```
(VENIR)
PARTICIPLES      viniendo, venido
PRESENT          vengo, vienes, viene, venimos, venís, vienen
PRETERITE        vine, viniste, vino, vinimos, vinisteis, vinieron
FUTURE           vendré, vendrás, etc.
COND.            vendría, vendrías, etc.
PRES. SUBJ.      venga, vengas, venga, vengamos, vengáis, vengan
IMP. SUBJ.       (1) viniera, vinieras, etc. (2) viniese, vinieses, etc.


(VER)
PARTICIPLES      viendo, visto
PRESENT          veo, ves, ve, vemos, veis, ven
IMPERFECT        veía, veías, veía, veíamos, veíais, veían
PRETERITE        vi, viste, vio, vimos, visteis, vieron
PRES. SUBJ.      vea, veas, vea, veamos, veáis, vean
IMP. SUBJ.       (1) viera, vieras, etc. (2) viese, vieses, etc.
```

RADICAL CHANGING VERBS

```
(PENSAR)
PRES. IND.       pienso, piensas, piensa, pensamos, pensáis, piensan
PRES. SUBJ.      piense, pienses, piense, pensemos, penséis, piensen
(PERDER)
PRES. IND.       pierdo, pierdes, pierde, perdemos, perdéis, pierden
PRES. SUBJ.      pierda, pierdas, pierda, perdamos, perdáis, pierdan
  Like perder:   defender, entender, etc.
(CONTAR)
PRES. IND.       cuento, cuentas, cuenta, contamos, contáis, cuentan
PRES. SUBJ.      cuente, cuentes, cuente, contemos, contéis, cuenten
  Like contar:   acordarse, acostarse, almorzar, costar, encontrar, recordar,
                 rogar, soñar, jugar, etc.

(VOLVER)
PRES. IND.       vuelve, vuelves, vuelve, volvemos, volvéis, vuelven
PRES. SUBJ.      vuelva, vuelvas, vuelva, volvamos, volváis, vuelvan
  Like volver:   llover, morder, mover, etc.
(JUGAR)
PRES. IND.       juego, juegas, juega, jugamos, jugáis, juegan
PRES. SUBJ.      juegue, juegues, juegue, juguemos, juguéis, jueguen
(SENTIR)
PARTICIPLES      sintiendo, sentido
PRES. IND.       siento, sientes, siente, sentimos, sentís, sienten
PRETERITE        sentí, sentiste, sintió, sentimos, sentisteis, sintieron
PRES. SUBJ.      sienta, sientas, sienta, sintamos, sintáis, sientan
IMP. SUBJ.       (1) sintiera, sintieras, etc. (2) sintiese, sintieses, etc.
  Like sentir:   concernir, discernir, digerir, etc.

(DORMIR)
PARTICIPLES      durmiendo, dormido
PRES. IND.       duermo, duermes, duerme, dormimos, dormís, duermen
PRETERITE        dormí, dormiste, durmió, dormimos, dormisteis, durmieron
PRES. SUBJ.      duerma, duermas, duerma, durmamos, durmáis, duerman
IMP. SUBJ.       (1) durmiera, durmieras, etc. (2) durmiese, durmieses, etc.
```

133

```
(PEDIR)
PARTICIPLES          pidiendo, pedido
PRES. IND.           pido, pides, pide, pedimos, pedís, piden
PRETERITE            pedí, pediste, pidió, pedimos, pedisteis, pidieron
PRES. SUBJ.          pida, pidas, pida, pidamos, pidáis, pidan
IMP. SUBJ.           (1) pidiera, pidieras, etc. (2) pidiese, pidieses, etc.
  Like pedir:        corregir, despedir, elegir, repetir, servir, vestir, etc.
(REIR)
PARTICIPLES          riendo, reído
PRES. IND.           río, ríes, río, reímos, reís, ríen
PRETERITE            reí, reíste, rió, reímos, reísteis, rieron
PRES. SUBJ.          ría, rías, ría, riamos, riáis, rían
IMP. SUBJ.           (1) riera, rieras, etc. (2) riese, rieses, ets.
```

ORTHOGRAPHIC CHANGES

```
(BUSCAR)
PRETERITE            busqué, buscaste, buscó, buscamos, buscasteis, buscaron
PRES. SUBJ.          busque, busques, busque, busquemos, busquéis, busquen
  Like buscar:       acercar, sacar, tocar, etc.
(PAGAR)
PRETERITE            pagué, pagaste, pagó, pagamos, pagasteis, pagaron
PRES. SUBJ.          pague, pagues, pague, paguemos, paguéis, paguen
  Like pagar:        entregar, llegar, negar, rogar, etc.
(CRUZAR)
PRETERITE            crucé, cruzaste, cruzó, cruzamos, cruzasteis, cruzaron
PRES. SUBJ.          cruce, cruces, cruce, crucemos, crucéis, crucen
  Like cruzar:       almorzar, empezar, lanzar, etc.
(COGER)
PRES. IND.           cojo, coges, coge, cogemos, cogéis, cogen
PRES. SUBJ.          coja, cojas, coja, cojamos, cojáis, cojan
  Like coger:        escoger, proteger, recoger, etc.
(DIRIGIR)
PRES. IND.           dirijo, diriges, dirige, dirigimos, dirigís, dirigen
PRES. SUBJ.          dirija, dirijas, dirija, dirijamos, dirijáis, dirijan
  Like dirigir:      corregir, elegir, exigir, etc.
(DISTINGUIR)
PRES. IND.           distingo, distingues, distingue, distinguimos, distinguís,
                       distinguen
PRES. SUBJ.          distinga, distingas, distinga, distingamos, distingáis,
                       distingan
  Like distinguir:   seguir, etc.
(LEER)
PRETERITE            leí, leíste, leyó, leímos, leísteis, leyeron
IMP. SUBJ.           (1) leyera, leyeras, etc. (2) leyese, leyeses, etc.
(HUIR)
PRES. IND.           huyo, huyes, huye, huimos, huís, huyen
PRETERITE            huí, huiste, huyó, huimos, huisteis, huyeron
PRES. SUBJ.          huya, huyas, huya, huyamos, huyáis, huyan
IMP. SUBJ.           (1) huyeras, huyeras, etc. (2) huyese, huyeses, etc.
```